増補新版

女性管理職のためのしなやかマネジメント入門

〈信頼〉をつなぐ、チームビルディング

細木聡子

株式会社リノパートナーズ
代表取締役

NTT出版

はじめに

「あなたがいるとろくなことがない！」

これは、私が管理職になりたての頃、初めてプロジェクトマネージャーを任された大規模システム構築プロジェクトで、50名ほどのメンバーほぼ全員から言われた言葉です。

自分なりに精一杯がんばってきたのに、どうしてメンバーからそんなことを言われてしまうのだろう……と相当ショックを受けました。

当時の私は、初めて任された大きな仕事にやりがいを感じつつも、具体的にどうやってマネジメントをしていけばいいのか、暗中模索の状態でした。

管理職に昇格した直後には、中小企業診断士の資格も取得し、経営やマネジメントに関する知識を得ていましたし、社内での研修受講などを通して、一定のマネジメント知識はあったと思います。

ところが、実際にそれらの知識をもとに、具体的な行動をしようと思った途端、どうすればいいか、わからなくなってしまったのです。

当時、私の周りには、女性の管理職は一人もおらず、チームをぐいぐい引っぱっている男性の管理職しかいませんでした。

そのため、私はまずはその周りの男性管理職の真似をして、メンバーに対して何から何まで自分ひとりで考えて細かく指示をする、というスタイルでマネジメントをしようとしていました。

プロジェクトが大規模で、新たな技術分野であったことから、私ひとりで全てを把握することは難しく、向かうべき方向性を見つけるのに苦しみました。ミスリードしていることに薄々気づきながらも、メンバーには半ばゴリ押しといった感じで、強引に仕事を進めていたと思います。

「リーダーである自分がしっかりと方向性を示すべき」と自分で自分にプレッシャーをかけて、プロジェクトメンバーからの意見に耳を貸そうともしませんでした。

プロジェクトの進捗はぐっと滞り、トラブルも続出、クライエントからは毎日10回ぐらい電話で怒鳴られる、といった日々が続きました。

今から考えると、自分の立場や、周りからどう見られているかに意識が及ばず、自分のことしか考えずに行動していたように思います。

そして、マネジメントの仕事は、

・辛いだけ
・面白くない
・自分には向いていない

――と、そんなことばかり考えていました。

そのことが部下や周りの人たちにどういう影響を与えるかなど、当時の私は考えも及ばなかったのです。自分の振る舞いが悪いことには全く気づかず、そればかりか、「この辛さが管理職の仕事というものなのだ」と自分を無理やり納得させようとしていました。

今振り返ると、とにかく毎日ギリギリの状態で出社し、憂鬱な気持ちと闘いながら、メンタルダウン寸前まで追い込まれていたと思います。

そんなとき、先輩社員のある一言がきっかけで、自分の言動を振り返ることができたのです。それは、

「もっとメンバーや周りの人たちを信頼してみては。
もっと周りに助けを求めて、一緒に方針を考えて行けばいいんだよ」

という言葉でした。

当時の私は、「リーダーとは、チームの全てのことについて的確に指示を出して部下を動かす人のこと。常に正しい答えを導きだす責任がある」と思っていたため、そんな先輩社員の言葉を聞いて、

「メンバーや周りに助けを求めたりして、リーダーとしての役目を果たせるのか！」


と意表を突かれつつも、一筋の光が見えたような気がしました。

それまでは、周りの男性管理職にならって指示型のリーダーシップスタイルがよいと思ってきました。

しかしながら、今の時代は変化が激しく、業務も複雑化し、更にはイノベーションを起こすことも求められています。こういった状況では、リーダーがメンバーに細かく指示をする指示型のリーダーシップスタイルが必ずしも合っているとは限りません。むしろ、メンバーの力を最大限引き出し、意見を極力取り入れ、全員の参加のもとに方向性を決めて、あとは一人ひとりの仕事がスムーズに進むように支援していくといった、支援型のリー

ダーシップスタイルが今の時代にはマッチしているのではないかと思うようになったのです。

先輩の言葉をきっかけに、私は自分のリーダーシップスタイルを見直しました。

まず最初にメンバーに頭を下げてこれまでの対応について謝りました。そのうえで、現在のチームの状況を共有し、

「どうにかしてこの状況を打開する策を一緒に考えて欲しい、力を貸して欲しい」

と話をしました。この言葉をきっかけに、徐々にメンバーとの信頼関係ができてきたと思います。そして数カ月後、メンバーから言われた言葉は、

「あなたがいてくれて良かった。あなたのためにがんばります」

でした。私はこのとき、初めて、

「管理職という仕事は、他人にこんな風に言ってもらえる仕事なんだ」

とマネジメントの仕事に大きな感動とやりがいを見出したのです。

この経験から私は、管理職という仕事は組織の中で重要なだけでなく、大きな達成感をもたらす仕事なのだと思いました。

また、アンコンシャスバイアスの影響もあり、女性と男性とでは周りからの見られ方が違うといわれていることから、女性が男性と同じことをしても違和感によって周りからはネガティブに見られがちです。

女性がリーダーとして組織の中でうまくやっていくためには、男性とは違う〝コツ〟が必要なのです。そして、そのコツをつかんだうえで、女性が自分らしさを活かしたマネジメントを行うことにより、大きな感動とやりがいを手にすることができるのだと思います。

これまで研修やコンサルタント等を通して、様々な企業の方をサポートしていると、多くの女性管理職やその候補者のみなさんが、自らのマネジメントや仕事の進め方について大きな悩みを抱えていらっしゃることがわかります。

そんな状況を目の当たりにして、過去の私のように悩んでいる女性管理職や候補者の方に自分らしさを活かしたマネジメントの方法をお伝えすることで、私自身が味わった感動とやりがいをみなさんにもぜひ味わってもらいたいと思うようになりました。

そこで、実際に私が10年間管理職として経験してきた「失敗」「その立ち直り方」「成果につなげた具体的な方法」を全てまとめて「しなやかマネジメント法」として体系化し、多くの悩みを抱えている女性管理職と候補者の方にお伝えしてきました。

本書は、二〇一九年に刊行した『女性管理職のしなやかマジメント入門』の増補改訂版です。刊行から4年半の月日が流れ、女性管理職や候補者のみなさんが、この「しなやかマネジメント法」を実践して十分な成果を出されている様子から、この方法が本当にお役に立てる再現性のあるノウハウだと確信することができました。

本書では、研修やセミナー等でお伝えしている「しなやかマジメント法」を2024年版にアップデートするとともに、増補版では巻末には、経営者・管理職として、ダイバーシティマネジメントに取り組んでこられた佐々木常夫さんとの対談を収録しました。

「管理職の仕事で大きな感動とやりがいを味わいたい」と思われているみなさんのお役に立てる内容にきっとなっていると思います。ぜひポジティブな気持ちでページをめくってみてください。

さあ、それでは始めてゆきましょう！

目次

第2章 しなやかな自分軸をつくる

――内から湧き出す〈影響力〉 41

ワークシート

本書特設サイトからワークシートをダウンロードできます。
実際の記入例も掲載しています。

https://linopartners.co.jp/books/

女性管理職のためのしなやかマネジメント入門

第1章

理想より自分らしさ

――強みを活かす〈独自力〉

管理職は人材のマネジメント。最初の一歩は自分から。

組織で働く管理職のマネジメントについては、すでに沢山の理論や方法論があります。とはいえ管理職のみなさんに〝自分らしいマネジメント〟を確立できているかとたずねたら、自信をもってイエスと言える人は案外少ないかもしれません。しかし、これからの管理職にとって、「自分らしいマネジメントを確立すること」は大変重要です。

私は、管理職という仕事の大部分は、人材マネジメントだと考えています。会社を動かしているのは〝人〟です。その人がその人らしく最も力を発揮できるパフォーマンスを引き出してこそ、チームの成果は上がり、会社は成長します。

その最初の一歩は、管理職であるあなた自身ではないでしょうか。ビジネス書に書かれた理想のマネジメントの形に自分をはめ込もうとするのでなく、あなたがまず自分の強みと弱みを知り、あなた自身の活かし方を知ってこそ、人の活かし方も見えてきます。

自分らしいマネジメントをいかに見つけるか。自分のマネジメントスタイルをいかに確立するか。そして部下の強みをいかに引き出すか。本章では、女性管理職の出発点ともいえる「独自力」について述べていきます。

1 女性が管理職になるということ

「ヒステリックな女性管理職」にはワケがある

私が管理職になった最初の現場でチームのメンバーからの信頼を大きく失ってしまったのは、振り返ると、周りの男性管理職の真似をして、アグレッシブな特性を無理に見せようとしてしまったことが原因だったように思います。

当時は女性の管理職は周囲にほぼおらず、女性上司の部下になった経験もありません。リーダーと言えば男性ばかり。リーダーシップというものは、「俺について来い」というような文字通り「周囲を正しい方向に〝引っぱっていく〟人のこと」と当然のように思っていたのです。

最初に管理職として配属された先は、大勢の人の関わる大規模プロジェクトでした。進捗が遅れぎみで、上司から「おまえがなめられてるから、みんなだらだらしちゃうんじゃないか」と言われることが続きました。

今、そのことを人に話すと笑われるのですが、当時の私は見た目が若く見えがちなのを気にして、わざわざ髪型をひっつめに変え、メガネをかけるようにしました。そのほうが歳をとって見えると思ったのです。そして部下や協力会社の人たちに「なんでできてないんですか？」と詰め寄ったり、手帳をたたきつけて怒鳴ったり……、なんとか動いてもらわなくてはと思いつめるうち、外見も仕事の仕方もマンガに出てくるような「ヒステリックな女性管理職」になっていました。

とある社外コンペで、プロジェクトマネジャーとしてプレゼンすることになったときのことです。話があったとき、自分が出て行っていいのか、大変悩みました。プレゼンの出来不出来のまえに、若い女性に見える自分が出ていくことで、「この人頼りないな」と思われて不採用になるのでは、と心配だったのです。もしそうなったらがんばってくれた営業や部下に申し訳が立ちません。「私でいいんでしょうか」と何度もたずねたすえに結局出てゆくことになったのですが、当日のプレゼンのあと、審査に参加していた専門家がぼそっと次のように言いました。

「ふつう、プロマネというと声が大きくて、男性で、ぐいぐい引っぱっていくタイプですが、あなたは違いますね」

この言葉を聞いた瞬間、私は「これは落ちた」と思いました。色々な仕事を積み重ねてやっと手にしたチャンスだったのですが、「やっぱり自分が出なきゃよかったんだ」とつくづく思わされ、帰り道に「自分とは今後、一緒に仕事をしなくていいです」と泣きながら営業に謝りました。

結果は意外にも、コンペは通過となりました。もしかしたらその識者は、否定的な意味で言ったのではなかったのかもしれません。でも、そのときの私は「〝女の私〟で大丈夫か？」ということがとにかく気がかりだったため、そのように受け取れなかったのだと思います。リーダーというものは、「声が大きくてぐいぐい引っぱっていく存在」。そう思っていたからこそ、そうでないのは「失格だ」と言われたように感じたのです。

「そもそも向いていないのではないか」問題

コンペのあと、自分の仕事を振り返るなかで、こう思いました。

「そもそも自分は、周囲をぐいぐいひっぱっていくキャラだっただろうか」

改めて振り返ると、中学時代の部活のバスケ部では、ハードな練習で体を壊し、顧問の先生のすすめで途中からマネージャーになったのですが、もともとキャプテン的な存在にあこがれる、ということもなく、プレイヤーから降りたことでがっかりしたという記憶もありません。むしろ、自分の工夫で部員の力が発揮できる環境をつくるマネージャーの仕事がとても楽しかった記憶のほうが強いのです。みんなから信頼されて感謝までしてもらえるなんて、至上最高のポジションじゃないか！　くらいのことは思っていました。

これまでの仕事を振り返ってみても、人を引っぱるというより応援するほうが好きだった気がする……。「声を大きくしてぐいぐい引っぱっていく」のはむしろ苦手なのではないか――

自分の性格は、むしろ真逆かもしれないのに、なぜこんなことをしているのだろう……。
そこで私は、あのお決まりの問いに行き着きます。

「自分はそもそも管理職に向いていないのではないか」

この「そもそも向いていないのではの壁」は、実に多くのみなさんがぶつかるのではないでしょうか。この「自問自答」をかかえて企業・組織で働く女性社員の方からの相談は後を絶ちません。でも、今の私なら当時の私に「そんなことはないよ」と言ってあげられますし、みなさんにもそうお伝えしたいのです。

変わらなければならないのは、あなたではなく、あなたや周囲の人々がいつのまにか描いている「管理職像」です。「女性が管理職になりたがらない」と言われる理由のひとつは、私たちの描く理想の管理職像が、男性に期待されやすい属性によっているからではないでしょうか。

ジレンマ①——仕事観がそもそも違う？

「自分はそもそも管理職に向いていないのではないか」と女性が感じてしまう背景のひとつに、男女の仕事観の違いもあるように思います。

女性管理職の方にインタビューをすると、8割の方が「できれば管理職を辞めたい」と答えます。その理由の上位は次の3つです。

辞めたい理由①　割に合わない！
「責任は重くなるのに、残業手当がつかない」
「給与が下がるうえに面倒な管理の仕事なんて割に合わない」

辞めたい理由②　ストレスが大きい！
「上司と部下に挟まれて伝書鳩のような状態」
「トラブルやクレームの処理が多くてストレスだ」

辞めたい理由③　仕事がつまらない！

「社内調整や会議ばかり。実務から離れてつまらない」
「マネジメントにやりがいを感じない」

この3つの理由のうち、その1「割に合わない！」、その2「ストレスが大きい！」の2つについては、男性管理職も感じていることですが、その3「仕事がつまらない！」については、男性管理職からはほとんど出てきません。「そういうことは考えたことがない！」と驚かれます。

一方、女性からは男性上司から「管理職に昇格したんだから、残業もして、やりたくない仕事もやらないとね」と言われて「なんかモヤモヤした嫌な気持ちになりました」という話をよく聞きます。

男性は仕事に対して地位や出世を重視する傾向が女性より強いという印象があります。そうであれば管理職になったこと自体が価値ですから、思うような仕事ができなくても我慢すべきだと男性は考えるのかもしれません。

ところが女性の仕事に対する価値観は、地位が上がること自体に男性ほど価値を置いていないように思います。そのため我慢してやりたくない仕事をしなくてはならないとなると管理職を辞めたい、自分には向いていないと考えてしまうのではないでしょうか。

ジレンマ②――「リーダーらしいは男らしい？」

女性が管理職になることに価値を感じにくいのは、社会的な地位を重視していないからというだけではないようです。

米国のラドガース大学の研究に、こんな調査があるそうです。人々がもつ男女における「望ましい特性」の違いを明らかにしようとしたアンケート調査なのですが、その結果から「男性にとっては望ましいが、女性にとってはそうでもない特性」と「女性にとっては望ましいが、男性にとってはそうでもない特性」を抜き出したものを見てみると――

――男性にとっては望ましいが、女性にとってはそうでもない特性

キャリア志向／リーダーシップ／アグレッシブ

積極的／自立している／ビジネスセンス／野心的／ハードワーク

――女性にとっては望ましいが、男性にとってはそうでもない特性

情動的／優しい／よい聞き役／周囲への気づかい

友好的／手助けを惜しまない／外見に気をつかう

——男性にとって望ましくないが、女性にとってはそうでもない特性

感情的／ナイーブ／弱い／自信がない

——女性にとっては望ましくないが、男性にとってはそうでもない特性

好戦的／威圧的／支配的／傲慢

この結果から何がわかるでしょうか。女性がリーダーらしい行動をとると「望ましくない」と受け取られやすいと言えそうです。つまり、

「リーダーとして期待される役割」↔「女性に期待される役割」

は正反対のベクトルなので、

リーダーらしく振る舞おうとすると、

女性的でないと思われる

米ラドガース大学の調査結果

男性に望ましい特性	女性に望ましい特性
・キャリア志向	・情動的
・リーダーシップ	・優しい
・アグレッシブ	・よき聞き役
・積極的	・周囲への気づかい
・自立している	・友好的
・ビジネスセンス	・手助けを惜しまない
・野心家	・外見に気をつかう
・ハードワーク	

という罠にはまってしまうわけです。そうなると、あまり管理職はやりたくない、と思う女性が増えてもおかしくありません。同じ行為でも、男性なら「頼り甲斐がある」と評価される場面でも、女性だと「女らしくない」、「怖い、近寄りがたい、無理しすぎで痛い」といったマイナスの印象を抱かれやすくなるわけですから。がんばればがんばるほど反発を招く悪循環に陥ります。

　これは、働く女性が抱えるジレンマです。しかも男性はなかなか理解してくれないでしょう。ジェンダーギャップの少ない社会では、この問題も小さくなるのだと思いますが、日本はまだまだ、女性管理職自体が少なく性差の区別が大きな社会です。マネジメントを行う立場である以上、「実際に周りからどのように見られているか」を無視するわけにもいきません。いくらそれが不条理に思えても、この現実を踏まえて、女性はどうすればよいのでしょうか。

しかし、そもそも……管理職という仕事は〝男性的〟でなければ務まらないものでしょうか？　たまたま管理職を担うのが、男性がほとんどだったから、男性的なスタイルが管理職のあるべき姿と思われてきたということはないでしょうか。

管理職のスタイルは、ひとつではありません。

ここで考えてみたいのは、

リーダーシップとは何で、
管理職とは、そもそも何をする仕事か――

ということです。大切なのは、管理職という仕事の本質を知り、その役割を自分の無理のないスタイルでどう果たすかです。

「理想」のリーダーシップではなく、
自分らしいリーダーシップを探ること。

「管理職」とは何をする仕事なのかを今一度踏まえ、「理想のリーダー像」に自分をはめ込み、空回りしていないか、振り返ってみましょう。

2 管理職はつなぐ仕事

「管理職」とはいったい何をする仕事なのでしょうか。

私が以前勤めていた会社には「管理職昇格試験」というものがありました。この試験に受かると管理職になるのですが、私は30代前半で初めてそのチャンスをもらい意気揚々と試験に臨みました。しかし結果は不合格。一言でまとめれば「管理職に向いていない」というボロボロの評価コメントでした。6年後、もう一回受けてみないかといわれて受けてみたら無事通過。かつてとは真逆の評価でした。この6年の間に、自分の何が変わったかと考えてみると、それは「視点」だったと思います。

〈自分視点〉と〈チーム視点〉

きっかけは、中小企業診断士の資格の勉強をしたことでした。昇格試験に落ちた私は、自分はこの会社に必要とされていないし、自分が発揮できる力もない……と、かなり落ち込みました。

そんなどん底の気分の私に一筋の光が見えたのは、中小企業診断士に合格した方の体験記との出会いでした。「日本の企業の99％は中小企業なのだから、中小企業を元気にすることは日本を元気にすることだ」という一文が目に飛び込んできて、私は「これだ！」と思い、早速、中小企業診断士の勉強に取りかかることにしたのです。

専門学校に入り、そこで初めて私は会社の経営に関わる知識を体系的に学ぶ機会を得ました。それまでも勉強する機会はありましたし、経験のなかから理解していたことはあったと思うのですが、本質をわかっていなかった、と今は思います。それは、

会社とは、そこに集まった人材が知恵を出し合い、価値を創造することで社会貢献する組織である

――ということです。一言で言えば、

会社は人で成り立っている

ということ。個人で働くのではなく会社で働くのは、そのほうがよりよい価値が生み出せるから。人が集まっているからこその価値を生み出してこその会社組織なのだ、ということです。

このことに気づいたとき、

自分が会社から何を求められているのか
自分がどういう働きをするべきなのか

――が、目から鱗が落ちるように理解できたのを覚えています。「私が成果を出す」というところから、「集まる人の力を活かして成果を出す」というところへ、視点が動きました。管理職は、自分一人で成果を出すのでなく、自分の任された部署でチームで成果を出すことが仕事です。そのために必要なのは、

チームが会社全体から何を求められているのかを把握すること。

次に、

チームのメンバーがどのような人たちで構成され、
彼ら一人ひとりの強みと弱みは何か、
それがどのように組み合わされることで、
チームとしての力が最大化されるか

——を考えることです。

それまでの自分は、「こんなにがんばって働いている私を、会社はなぜ認めてくれないのか」という〈自分視点〉からの苛立ち、不平不満でいっぱいでした。しかし、会社は人で成り立っていると理解できたとき、視点が〈チーム視点〉に切り替わったのです。

会社からなぜ「評価」されないかがわからなかったのは、会社が何を「評価」するのかがわからなかったから。管理職は部下を評価する立場にもなるわけですから、その評価の基準がわからない人を任命するわけにはいきません。

視点が切り替わってからは組織という枠組みの外側から私という人物も俯瞰できるようになり、今私は会社から何を求められているのか、今私ができることで利益につながることは何なのか、という視点で物事を捉えられるようになりました。すると、それまでの仕事が、まるで別世界のように見えてきました。

視点が変われば、自ずと言動が変化し、周囲の反応も変化していきます。例えば、それまではあまりされなかったのですが、相談にのってほしいと頻繁に話しかけられたり、上司が何かと頼りにしてくれるようになりました。

会社は社員に自分の強みを最大限発揮して最高のパフォーマンスをすることで、事業の成長に貢献してもらうことを求めています。だとすれば、大切なのは人材一人ひとりの独自の知恵や発想、技術です。そして一人ひとりの独自の「強み」を知り、引き出し、組み合わせ、融合させて成果を生み出すチームづくり（チームビルディング・組織づくり）が管理職の仕事となります。

社員と会社を「目標」でつなぐ

この〈チームの視点〉を社員に伝え、ばらばらの社員の集まりを「チーム」へと育ててゆくのが管理職の仕事です。

チームと、単なる「集団（グループ）」の違いはなんでしょうか。たまに集まって食事をしたりする友達同士はグループではありますが、チームとは言いませんね。共通の目標のために集まっているわけではないからです。メンバーが共通の目標をもって集まっているグループが「チーム」です。

ということは、チームづくり（チームビルディング）とは「メンバーの目標の共有を図る」プロセスそのものといえるでしょう。チームづくりとは、

チームの目標とメンバーを「つなぐ」こと

――です。個々の社員は、会社の中で、自分の仕事が、どのような位置づけにあり、どのような役割を担っているのかまではわかりません。会社の目標と社員の仕事を「つなざ」、社員の個々の仕事がどのように会社、ひいては社会に貢献するかを伝える「情報伝達」が管理職の仕事といえます。

情報伝達でチームをつなぐ

とはいえ、情報をなんでもオープンにシェアするということではもちろんありません。

何を、誰に伝えるべきなのか

管理職は、この判断をするための軸をもつ必要があります。そのために頭に入れておきたいのが、組織の階層構造と2つのベクトルです。

組織は大きくなるほど、社長→役員→部長→課長→係長といった形で「階層構造」の仕組みが取り入れられ、会社の目標に対する各階層のミッションの位相は異なってきます。会社全体の目標を理解したうえで、今の自分のチームのミッションを俯瞰的に把握し、個々のメンバーに合わせた情報を選び、正確に、届くように「伝える」ことが求められます。

管理職の情報伝達には2つの方向があります。

会社→社員
社員→会社

この間に入って、情報を伝えるのが管理職です。

① 会社（経営）→管理職→社員
② 社員→管理職→会社（経営）

①は、個々の社員に、会社の目標は何で、自分のチームに何を求められていて、そのチームのために自分に何が期待されているのか（何が評価の基準なのか）を伝えるトップダウンのベクトルです。これは会社の経営目標やミッションをそのまま言葉で伝えるということではなく、その社員の状況、意識、経験、スキルに合わせたわかりやすい「翻訳」が求められます。目標を具体的な仕事に落とし込み、個別の目標を設定し、その社員の個人的な希望やビジョンと会社の思いを「つなぐ」ことでモチベーションも高めます。

②は、現場で得られる情報、現場ならではのアイデアを会社に伝えるボトムアップのベクトルです。会社の目標に照らし、重要な現場の情報が何かを判断し、適切な相手に、正確に伝えることで現場と会社を「つなぐ」ことです。

とはいえ現場からの情報は、部下があなたに伝えてくれなければあなたのもとに届きません。必要な情報があなたのもとに届くためには、「何をあなたに伝えるべきなのか」を個々の社員が判断できなければならないでしょう。そのために必要なのが、「なんのためにこの仕事があるのか」というチーム目標の共有です。

業務の形態が固定的だった時代は、「これこれこういう場合は、このことを報告するように」というように「報・連・相」の内容もある程度マニュアル化しやすかったと思います。しかし変化が激しく、業務も複雑化しているため、どのような情報を誰にどのタイミングで伝えるのかをあらかじめ決めることも難しくなってきました。

マニュアルの精度を高めるより、より高次の目標の共有を図り、メンバー自身が「どの情報を伝えるか」を判断できるように育てることがより重要になってきていると思うのです。こういった人材の意識やスキルを高める関わりをするのが、まさに管理職の役割です。管理職は、社員と会社をつなぎ、成果（利益）へ結びつけるキーパーソンです。

3 リーダーシップスタイルは色々

さて、「管理職は何をする仕事か」に立ち返って改めて「リーダーシップ」とは何かを考えてみましょう。それは「男らしく」リードしなければできないものだったでしょうか。

上から引っぱっていく求心力の強い従来型のリーダーシップは、あくまでひとつのスタイルにすぎません。リーダーシップスタイルは色々。より女性に向いた、また何よりあなた自身にあったリーダーシップのスタイルがあるはずです。

ハーバード・ビジネススクール教授のビル・ジョージは、著書『True North リーダーたちの羅針盤』（生産性出版）の中で、優れたリーダーたちが共通して持っているのは徹底した自己認識に基づく「自分らしさ」だと述べています。一流のリーダーをまねるのではなく、自分独自の強みと弱みを知り、自分にあったリーダーシップスタイルを確立することが重要だというのです。部下が自分の言うことを聞いてくれなかったのは、私の力が弱いからではなく、自分に合っていないリーダーシップスタイルを選んでいたことにあったといえるでしょう。

「サーバントリーダーシップ」を提唱したロバート・グリーンリーフは従来型のリーダーシップを「支配型」と呼び、もうひとつのリーダー像としてサーバントリーダーシップ（支援型リーダーシップ）というスタイルを新たに提唱しました（『サーバントリーダーシップ』英治出版など）。サーバントリーダーシップは、

上から引っぱるというよりは下から支える、
相互の信頼に基づいて仕事を任せ、
部下の状態に配慮しながら後方から支援するスタイル

――です。私のリーダーシップスタイルはこのサーバントリーダーシップ、支援型リーダーシップのひとつだと考えています。グリーンリーフの理論を最初から知っていたわけではないのですが、試行錯誤で確立した自分なりのリーダー像を、このモデルはうまく捉えていました。女性なら必ずということではありませんが、この支援型リーダーならできると感じる女性は多いのではないでしょうか。

信頼にもとづく支援型リーダーシップ

支援型リーダーシップの基盤となるのは、リーダーと部下との間の信頼です。

リーダーシップと聞くと、チームを引っぱる、正しい方向に進ませる、といったイメージが先行して、「ミスしたらどうしよう」「みんなついてきてくれなかったら辛いだろうな」などと不安な気持ちになりがちです。私も管理職になりたての頃は、人に仕事を任せるのが不安で、部下よりも自分のほうが仕事も速いし理想的にできるからと、自分で仕事を抱えてしまう管理職でした。仕事を進めるにあたっても、部下と関わるにあたっても、「不安をなくす」ことが優先されていました。

しかし、そんな状態で仕事が進むわけがありません。どんなに残業しても間に合いそうにないので、とうとう同期の男性管理職に愚痴をこぼしました。すると、彼から「もっと部下を信頼して、仕事を任せればいいんだよ」と言われ、ようやく気づきました。

「私は部下を信頼しきれていなかったから、不安だったのだ」

不安を軸にしてチームをつくることはできません。不安をなくすには、コントロールでなく、信頼するしかないということに気づきました。信頼にもとづいて、まず仕事を任せること。たんに任すだけでなく、任せたうえで相手に即した十分な支援（サポート）を行うこと。支援型リーダーシップは、このサポートを通じて部下との間に信頼を育み、部下のほうからも積極的に協力してもらえる関係を築きます。

以来、私のリーダーシップスタイルは、自分に対しても、部下に対しても揺るぎない信頼が根幹にあることが大前提となりました。

変わるリーダーシップ像

いまは「第4次産業革命」といわれるように、世界的に産業構造そのものが根本的に変わりつつある大激変期です。あらゆる分野でこれまでの考え方やスキルが通用しない事態が起こっていて、しかも変化は年々加速しています。このような時代を、近年では、変動性(Volatility)、不確実性(Uncertainty)、複雑性(Complexity)、曖昧性(Ambiguity)の単語の頭文字をとって、VUCA時代と呼ばれています。

リーダーシップのスタイルも、このような時代に合った変化が求められています。そこでカギとなるのが、変化を肯定的に受け止める「しなやかさ」です。

課題が明確で、一人ひとりが何をすればよいかがはっきりしている時代は指示型・支配型のリーダーシップが向いていたと思います。しかし「変化に強い」組織をつくることが求められている今、管理職に求められるものも変わってきています。「イノベーション」という言葉を最初に用いた経済学者のヨーゼフ・シュンペーターは、この言葉を経済活動の中で資源、労働力などをそれまでとは異なる仕方で「**新結合すること**」と説明しています。つまり、このような時代に会社が成長していくためには、できるだけ違う条件、視点、

会社がこれからのリーダーに求めている行動

自分の特性を強みとして活かして
チームメンバーのパフォーマンスを上げ、
チームの成果を最大化することにより、
会社全体の成長に貢献する

価値観を持つ多様な人材の強みを新たな形で結合（融合）させ、相乗効果のなかで新しい価値を生み出すことが必要とされているのです。

その人らしさ、その人の最も力を発揮できる独自の力を見つけ、それを引きだし、別の独自の力をもつ人と結びつけ、チーム全体の力を最大化すること。

多様な個性をもつ人材を活かして新たな価値を生み出す支援型リーダーシップは、今の時代に向いています。支援型リーダーには、カリスマ性は必要ありませんが、人間関係を構築する力がより求められます。私が技術系企業に特化した管理職・リーダー育成プログラムを提供する際には、これからの企業がリーダーに求める行動として、

「自分の特性を強みとして活かし、チームメンバーの強みを引き出しパフォーマンスを上げ、チームの成果を最大化することで、会社全体の成長に貢献する」を必ずお伝えしています。

自分らしいリーダーシップを

私自身が、男性管理職の真似をした「あるべき管理職像」に自分をはめ込もうとして、自分らしさとは正反対の方向に背伸びをしていた頃、部下に対しても「そんなことではいけない」というメッセージばかり伝えていたように思います。

部下自身が、本来どのような人で、どのような経験と能力をもつ人なのかを、じっくりと見て、その人の力を発揮できる環境を整える、といった発想は全く出てきませんでした。自分自身に対して、そのように思っていないのですから、できるはずがありません。

そもそも自分は「ぐいぐい引っぱっていくようなタイプだっただろうか？」

そう自分自身に問いかけ、自分自身への関わり方を変えたとたん、部下への接し方も変わったように思います。自分の対応を反省し、自分の特性を強みとして活かしたリーダーシップスタイルに切り替えてからは、部下から思う以上の支持を受け、信頼してついてきてくれるようになりました。そうなると、自分としても自然体で無理なく仕事を進めることができるようになり、これまでいつも思っていた管理職の仕事が苦しくて辛いものだとは全く思わなくなりました。

そして、最初の苦い挫折から、今に至るあいだに、試行錯誤しながら考えてきた「支援型リーダーシップ」の方法や考え方をまとめたものが、今からお伝えする「しなやかマネジメント」なのです。

自分らしさ（独自性）を大切にすること
部下のその人らしさを大切にすること。

「しなやかマネジメント」は、独自性を大切にすることから始まります。

仕事に活かせる「自分の強み」発見3ステップ

「仕事に活かせる自分の強みとはどんなことなのだろうか?」「自分には管理職の仕事に活かせる強みなんて無いのでは?」と考える方も多いかもしれません。でもこれまで、会社の中で真面目に誠実に仕事をして来られたみなさんでしたら、「仕事で活かせる自分の強み」は必ず見つかります。

優れたリーダーは、自分の強みと弱みを徹底的に認識している、とビル・ジョージは言っていましたが、そのために有効なのは「自分史を振り返ること」だと言います。

最初の職場で躓いたとき、私はこのことを知っていたわけではなく、あまりに落ち込んだことから「自分の歴史」を振り返らざるを得ませんでした。そもそも向いていないなら、何が向いていたんだろう……と思ったのです。ここから開き直って、自分らしくできるやり方を探し始めたことが転機になりました。

中学校でバスケ部を辞めようとしたとき、顧問の先生が、私の退部の申し出を受け取らず、マネージャーという新しいポジションを用意してくれたのは、私という人間の強みを

自分の強み発見シート

①業務経験

②ビジネススキル

③行動特性・思考特性

④自分の強み

見出し、活かしてくれたのだと気づきました。選手になれないなら辞めさせる、ではなく、その人にふさわしい場所を用意することで人は活かされるという実感は、自分らしいリーダーシップを考えるための原点だったと思います。

それでは「あなたの仕事で活かせる自分の強み」を見つけるためのステップとして3つのステップをご紹介します。このステップに則って考えていくことで、自分自身の強みを確実に見つけることができますので、ぜひやってみてください。

ステップ1　これまでの業務経験の棚卸し

これまでの仕事の経験を振り返り、棚卸しをしていきます。会社に入ってからの業務経験だけでなく、学生時代の部活動やサークル、アルバイト経験なども含めて振り返ってみてください。

従事した期間が短くても構いません。とにかく沢山出す、ということを意識してどんどん列挙して行きましょう。

私の場合、大学時代は主に家庭教師のアルバイトをしていました。更に大学を卒業して会社に入ってからは、電話の交換機の保守を行うエンジニアの仕事、社内の業務システムの開発を行う仕事、社外のお客様のシステム構築を行うSE（システムエンジニア）の仕事、新たなビジネスを創出するビジネス開発、技術系人材の人事・育成業務、研修コンテンツを開発する業務などに携わってきました。この業務経験に約10年間の管理職としてのマネジメント経験、約2年間のベンチャー企業での人事役員経験がプラスされます。会社での業務と並行で活動していた中小企業診断士としての中小企業向けの経営コンサルティングの取り組みは、対価をいただく仕事としては行っていませんでしたが、これも自分の強みを発見する第1ステップとしての業務経験に追加していきます。

このように、みなさんも自分自身の仕事に関わる経験を振り返り、どんな小さな経験であったとしても、まずは出してみてください。

ステップ2　仕事で使えそうなビジネススキル

過去の業務経験の棚卸しができたら、次は仕事で使えそうなビジネススキルの棚卸しです。資格は現在持っているもの、これから取得しようと勉強中のものも含めていただいて構いません。過去に取得して有効期限が切れてしまったものも含めて全て出していきます。

仕事で使えそうなスキルは、ステップ1で出したこれまでの業務経験の中で身についたことをできるだけ沢山出してみてください。ものすごいスキルでなくても構いません。これまでの業務経験の中でできるようになったこと、業務に従事した当初より少しでも上がったなと思う能力も含めて出していきましょう。

私の場合は、中小企業診断士の資格、これまでの業務経験からシステム開発スキル、プロジェクト・マネジメントスキル、人事・人材育成スキル、調整力、分析力などが仕事に使えそうなスキルとして挙げられそうです。

ステップ3　自分の思考・行動特性

仕事で使えそうなビジネススキルを挙げたら、最後のステップとして、自分の行動特性・思考特性を列挙していきます。人事政策研究所が提唱する8類項目の「モデルコンピテンシー」を参考にして、普段から意識したり、大事だと思うものを優先順位の高い5〜6個を選択して記入してみましょう。

私の場合は、

・柔軟思考

・マンパワーの結集
・コミュニケーションの充実
――などなどです。

仕事で使える自分の強みを発見する！

これまで、3つのステップで自分自身の業務経験、ビジネススキル、行動特性・思考特性の棚卸しを行ったら、この3つの内容から仕事で使えそうな自分の強みを発見していきます。

強みの発見にあたっては、この3つのステップで挙げた項目の中から、その能力のエッセンスを見つけるようにします。エッセンスとして粒度を小さくして出すことによって、仕事でその強みを発揮する場面がより見つかりやすくなっていきます。

例えば、私の場合だと、

・人事・育成業務に従事した経験

・大企業での管理職経験
・中小企業での人事担当役員経験
・人の考えを察する力
・調整力
・柔らかい雰囲気
・向上心
・論理的思考力
・前向きな思考力

——などなどです。このように、まずは粒度がバラバラのものを列挙しても構いませんので、エッセンスまで落とし込んだものも挙げていきましょう。

こうやって考えていくと必ず、自分自身の仕事に活かせる強みが自然と見つかりやすくなります。現時点での強み発見に限らず、将来、みなさんが仕事で活かせる自分の強みを発見するためのツールとしてもぜひ活用してみてください。

（例）自分の強み発見シート

①業務経験

・SE 業務
・ビジネス開発業務
・人事・育成業務
・マネージメント業務

②ビジネススキル

・中小企業診断士
・人材育成スキル
・調整力

③行動特性・思考特性

・柔軟思考
・自律志向
・傾聴力
・論理思考
・マンパワーの結集
・コミュニケーションの充実

④自分の強み

・人事・育成業務経験
・大企業での管理職経験
・人の考えを察する力
・調整力
・柔らかい雰囲気
・向上心
・論理的思考力
・前向きな思考力

第2章

しなやかな自分軸をつくる

——内から湧き出す〈影響力〉

自分の影響力、気づいてますか？

「管理職ってなんて辛いんだ！」

管理職になりたて頃、私はこんな思いで頭がいっぱいでした。それまでは、十数年働いてきて、「こうすれば成果を出せる」といった自分なりの経験知もできて自信がもてるようになっていたのに、管理職になったとたん、チームのメンバーはびっくりするほど動いてくれません。管理職は、人に動いてもらって初めて成果が出るのに、どうしたら動いてくれるのか、わからないわけです。

こんなはずではなかったという思いとともに、管理職はこの辛さも含めて仕事なんだ、そのためにお金をもらっているんだ、とふらふらになりながら自分に言い聞かせていました。今から考えてみると、そんな態度で仕事をしている上司に部下や周りの人たちが協力してくれるはずがありません。

管理職というものは、望むと望まざるとにかかわらず、存在そのものが、チームのメンバーに影響を与えています。このことにまず「気づく」こと。そして、その力は、負の力ではなく、正の力にもなりうるということ。メンバーを活かす力にもなるということがわかってくると、管理職ならではの「仕事」のやりがい、面白さがわかってきます。

本章では、リーダーシップの「影響力」と、その力の女性ならではの育て方を見ていきましょう。

1 管理職は〈空気〉をつくる

悪影響から〝良影響〟へ

人は誰でも生きてそこにいるだけで人に影響を与えています。例えばポジティブな感じを与える人もいれば、エネルギーを奪われるような感じがする人もいるでしょう。管理職になりたての頃、私は自分の辛さに気をとられ、そのことに無自覚だったと思うのです。

むしろ、自分は自信を失っており、自分なんて無力だと思っていたので、自分に「影響力がある」なんて思ってもいませんでした。

でも、自分が部下だった頃のことを振り返ってみると……上司の「機嫌」の影響は甚大でした。みなさんもすぐに思い出せると思いますが、特にそれがネガティブで、いつも余裕がなく、イライラしていたら、〝悪影響〟は小さくありません。さらに「辛さを我慢するのが「仕事なんだ」と思っていたら、そういった仕事観も周囲に伝わり、一人ひとりの「やる気」をいつの間にか削いでしまっていただろうと思います。要するに、私は自分の思いとは裏腹に「大いに影響力があった」というわけです。

管理職は職場の「空気」をエアコンのようにつくります。誰しも多かれ少なかれ、その人の機嫌や雰囲気、その仕事ぶりによって人に影響を与えているわけですが、リーダー的な管理職のあり方が周りに与える影響は自分が思っている以上に大きいものです。一つひとつの振る舞いや発言が「どう見えるか、感じられているか」という視点に気づくこと、自分の影響力に自覚的になることは、管理職の出発点といえます。

影響力を上手に活かす

一般社員のときより、管理職には一定の「力」が与えられています。実際にそれにふさわしい実力があるかどうかとは関係なく、部下との関係においてみれば、常に「力」があるということです。管理職になることで、地の影響力が強まっているのです。このことにまず気づくこと。そしてそれに自覚的になったら、次なる課題は、その力を

いかに使うか

――です。冒頭では、この力をマイナスな方向でいつの間にか使っていた例をお話ししましたが、悪影響ならぬ「良影響」として活かすことも可能です。ここが管理職としての、力の使いどころでもあるのです。

「使い方・活かし方」次第で、チームの力は大きくもなれば、小さくもなる。管理職のあり方がよい方向に変わると、プラスの影響力が発揮され、周りの人々もよい方向に影響されます。周囲からの支持も集まり、チーム力を大きくすることができるようになっていきます。

自分の力を、人の力を引き出すことに活かせる。

ここに管理職の仕事の醍醐味があります。

力には、大きさと方向があります。物理の時間に習った「ベクトル」を思い出してみてください。あなた自身の力にも大きさと方向があり、チームのメンバーも同様です。この力を、メンバーの力を引き出すことに活かすなら、チーム全体のベクトルは大きくなるでしょう。それはひいては、会社の力を大きくし、社会に対してもそれだけの貢献につながります。みなさんの仕事は、この一人ひとりの力のベクトルを大きく、より目的に叶う方向で引き出し、最終的には社会に活かすことです。

このことに気がつくまでに私はかなり時間がかかりましたが、試行錯誤の中から管理職としての影響力をよく活かすための原則が見えてきました。

〝良影響〟の源は〈しなやか姿勢〉

私は、変化が激しく先が読みにくいＶＵＣＡ時代の管理職に求められる姿勢を「しなやか姿勢」と定義し、そのあり方を醸成するためのプログラムを企業に提供しています。

しなやか姿勢の定義

どのような環境・条件の中でも柔軟思考で、自らの特性を強みとして最大限発揮して道を切り開いていこうとする姿勢のこと

しなやか姿勢の5原則

原則1　起こったことを前向きに捉える
原則2　他者との違いを価値、可能性と考える
原則3　まずは自分が今できることに全力で取り組む
原則4　やり方は変えても目的はぶらさない
原則5　人・仕事・未来の可能性を信じる

●原則1：起こったことを前向きに捉える

一筋縄ではいかない課題が目の前に現れると、「自分には無理」と反射的に感じて、なかなか起きたことを好意的に受け取れないことが多いかもしれません。

しかし、身に降りかかった課題や問題は自分自身の経験値を高め、人としての幅を広げる絶好の機会です。一回り成長した自分に出会える喜びや、達成感を味わうためにも、起きたことを前向きに捉えるように意識してみましょう。

●原則2：他者との違いを価値、可能性と考える

私も人と比べて落ち込んだり、不安になることが多々ありますが、そんな時は「私は、私らしくやろう」と自分に言い聞かせるように心掛けています。多様性の時代、自分の強みを活かして、自分ならではの色を仕事に織り交ぜていくことはより求められるようになります。自分らしさを磨くつもりで取り組んでいきましょう。

●原則3：まずは自分が今できることに全力で取り組む

私の元に相談にやってくるダイバーシティ推進担当者や女性活躍推進担当者で「孤独で

辛い」「もうあきらめたい」と訴えてくる方が後を絶ちません。その気持ちを受け止めた上で私がお伝えすることは「今の環境で出来ることを考えてみませんか」ということです。組織のために取り組むべき課題であれば自分ができる事を全力で、あきらめずに取り組むことが、結果として、会社全体がより良くなる突破口になるはずです。

●原則4：やり方は変えても目的はぶらさない

「変えてはいけない目的」とは、会社でいうと「理念」です。その「理念」を実現するためのやり方、すなわち「手段」は、状況に応じて、臨機応変に、柔軟思考で考えるとうまくいきます。もし、目的がブレていると感じたら、原点に立ち返り、「何のためにやるのか」と目的を再確認した上で、手段をどんどん変えながら、目標達成の可能性を広げていきましょう。

●原則5：人・仕事・未来の可能性を信じる

この原則5は、私のこれまでの経験から、最も大事だと考えているものです。なぜなら、自分の働く環境を、自らの手で作り出すことにつながると確信しているからです。ここからは、「人・仕事・未来」の可能性をどのように捉えるかをくわしくお伝えします。

信頼① 人への信頼――部下以上に部下の可能性を信じる

まずひとつめの信頼は、人への信頼です。管理職の立場としては、まず部下を信頼することです。部下自身が思っている以上にその可能性を信じることが出発点です。

部下に対しての影響力を高める、というと、大きな声で部下に指示することが一番効果的なのでは、と思う方もいらっしゃるかもしれません。グイグイ外側から引っぱっていくイメージです。

ですが、これは私の経験からすると逆効果です。第1章でも見たように、特に女性は周りからそのような外側から引っぱっていくあり方は、「望ましくない」と見られがちです。現在はまだ、女性が指示型で行動をすると、周りが反発、嫌悪感を感じてしまうアンコンシャスバイアスがどうしても残っているのが現状です。

そしてそもそも、上から指示することは、女性に限らず、ともすれば威圧的になってしまい、部下が萎縮してしまうことになりかねません。これは一見、自分の影響力が高まったように見えますが、部下本来の力は発揮できなくなってしまい、その結果、成果も限定的になってしまうことが多いのです。

私も最初は、こういったやり方で部下に対していました。ある時そんな私に対する部下

の態度を見た同僚から

「細木さんの部下は皆、細木さんが少し言ったことでも100%、『わかりました！』って言ってすぐに言うことを聞くよね」

と言われ、ハッとしました。

皆がすぐに私が言った通りに行動するので、私は影響力を最大限に発揮できているのだと思っていたわけですが、同僚の言葉で、そうではなくて私の態度から部下が萎縮してしまって、イエスマンになってしまっているだけなのだと気がつきました。

そこで、私は自分の態度を見直しました。部下に指示をするのではなく、部下の可能性を信じること。そして部下からの意見を尊重するようにしました。すると、なぜか不思議なことに、反対に部下から「あなたのためにがんばります」と言ってもらえるようになり、実際に、目覚ましい成果を出してくれるようになったのです。これは不思議なパラドックスでした。部下を信頼して「託した」ことが「結果として」成果に結びついたのです。

外側から引っぱるのでなく、その人の内側を信頼して託すこと。

人は自分のことを信頼してくれる人を裏切りたくない、信頼してくれる人のために尽くしたいと思うものなのかもしれません。

信頼するとは、「あなたならできる」と託すということでもあります。

その人を信頼する、とは、その人の持つ力を信頼するということ。すると人は、その人の「独自力」を発揮してくれるようなのです。その人の力を肯定し、本気で託すと、みなさん自分に自信をもって本気で取り組んでくれます。

ただし、信頼は、ギブアンドテイクではありません。

私は、たとえ部下が自分のことを信頼してくれていなかったとしても、まず自分から相手を信頼します。相手が信頼してくれるから信頼する、ということでも、信頼するから、自分の思い通りの結果を出してね、ということでもありません。

そして、本人以上に相手の可能性を信じるということは、相手のことを人として尊重し、相手を励まし勇気を与えることであると思っています。

「人には無限の可能性がある」

これは、私の信条です。どんな人にもそれぞれに強みや素晴らしい能力があって、それを認め、引き出していくことで、すごい力を発揮するものだと信じていますし、実際にこれまでの管理職の経験から実証していると思います。

この、部下以上に部下の可能性を信じるというあり方が、自分自身の言動に変化を生み出し、部下との信頼関係が醸成できたことで、チーム成果を最大化する管理職としての良質な影響力を与えることができたのだと思います。

信頼② 仕事への信頼——まず自分が大きなやりがいを持つ

2つめの信頼は、まず管理職である自分が仕事に大きなやりがいを持つということです。

「部下は上司よりも幸せになれない法則」

というのがあります。部下は上司が感じている仕事のやりがいや達成感以上に仕事でやりがいや達成感を感じることは難しいというものです。

これは私自身も身を持って体験し、本当にそうだなと心から思います。

私は26年間の大企業での会社員生活の中で尊敬できる上司にたくさん出会うことができました。その尊敬できる上司の共通点は、自分の率いる組織の仕事に常に大きなやりがいを持っていたことでした。今携わっている仕事の重要性と意義を感じながら前向きに仕事を進める上司のあり方が私の心を引きつけ、大きな影響力を与えていたのだと思います。

私はもともとあまり上司を意識して仕事をするタイプではなかったのですが、尊敬できる上司の姿を見ているだけで、パワーをもらい、自信を持って自分の力を発揮したいと心から思ったのを覚えています。

そして自分自身もやりがいを持って仕事をしようと思うようになりました。管理職になってからは、その責任の重さから仕事で厳しい局面に直面すると、そもそもこの仕事はやるべきなのか、と疑問を抱いてしまうこともありましたが、そんなときでも原点に返ることで自ら仕事の意義を改めて見出すように心がけました。

信頼③ 未来への信頼――信じられるビジョンを持つ

最後、3つめの信頼は、ビジョンと未来への信頼です。と言っても、闇雲に信頼するということでなく、信じられるだけのビジョンを持つ努力も含まれます。

仕事が常に順調に進むということは稀なことだと思います。うまくいくときもあれば、なかなか結果が出ないこともあるなど、色々あるのが仕事です。結果が出ないとき、先が見えない暗闇の中でもがいているような気持ちになり、目標を達成する気力を失いそうになることもあるでしょう。そんなとき、目の前の仕事にどのような意味があり、目標を達成すると、どんな未来につながるのかを常に思い出させてくれる上司がいたら、どんなに心強いでしょうか。

もちろん、管理職である上司自身も、お先真っ暗に思うこともあるでしょう。ただ、そういうときこそ、リーダーである自分自身が気持ちを奮い立たせて必ず目標達成できるという未来を部下に見せることです。

こんな話を聞いたことがあります。社員約百名規模のある会社の社長が、新年度の初めに社員を集め、キックオフを行ったそうです。キックオフでは、社員の士気を高めるために、社長自らが新しい年度の事業計画を発表しました。

そして売上や利益の数値目標の説明をひと通りした後、ボソッと一言、

「まあ、この目標を達成するのは難しいとは思うけどね……」

と口にしたそうです。その瞬間、場は凍りついたものの、キックオフ自体は無事終えることができました。

実際、その年度の業績はどうだったかというと、離職者が続出し、社員の約30％が退職してしまうという事態になりました。退職者が多くなると、当然目標の達成は難しくなり、売上は約20％減少してしまったといいます。

事態を重く受けとめた社長は、自らの発言が影響を及ぼしたのではないかと深く反省し、次年度からは大きく言動を改めました。すると次の年は離職者はゼロ、売上も約30％増に回復、事業を安定させることができたのです。

リーダーの言葉の影響の大きさを物語るエピソードだと思います。社長がつい後ろ向きな一言を漏らしてしまったのは、会社の事業推進に不安を感じていたからかもしれません。ですが、リーダーの言動にはとても大きな影響力があります。たった一言で、その事業の明暗を分けてしまうといった大きな事態も起こりうるということなのです。

未来を確実に保障することはできないとしても、信頼してがんばってみようと思えるだけのビジョンを示すことはリーダーの大きな役割です。

2 自分軸、ありますか？

ブレない価値観が人を動かす

私が尊敬する経営者で、パナソニック（旧・松下電器）の創始者である松下幸之助に、こんなエピソードがあります。業績が大きく傾いたときのことです。身近にいた部下たちは意を決して、このままでは会社が倒産してしまうこと、社員を多数辞めさせて、乗り切るしかないことを訴えました。

そのとき、松下は、部下たちの訴えを退け、まず社員は決して辞めさせないこと、そして会社もけっして倒産させないことを伝え、そのために「社員全員で営業をしよう」と呼びかけます。訴えに上がった部下たちは、社長が決して自分たちを含めて辞めさせないこと、その決意を知り、心を動かされます。そして見事、社員一丸となってその危機を乗り越え、今日のパナソニックがある、ということです。

松下は、現実を無視して、未来を掲げたわけではありません。むしろ、誰より、その厳しさを引き受けていたはずです。そのうえで「社員は辞めさせない」と言葉にしたのです。

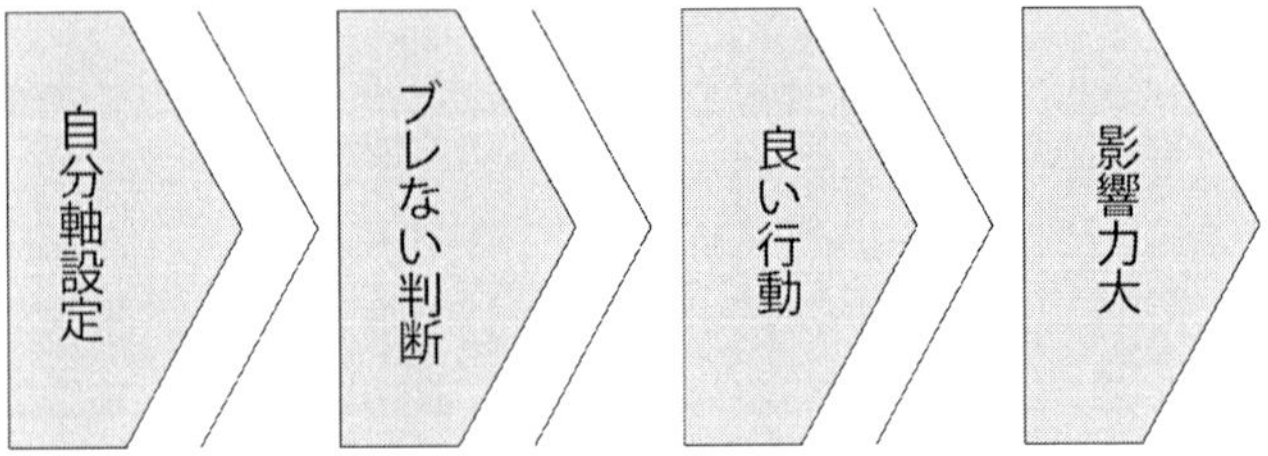

リーダーシップは揺るがない価値観から生まれます。松下幸之助には、ブレない価値観、自分軸があったのです。

響く言葉の根にあるもの

松下幸之助は、まだ会社が小さかった頃、「おたくは何をつくっているのか」と問われたら、「『松下電器は人をつくっています。電気製品もつくっていますが、その前にまず人をつくっているのです』と言いなさい」と従業員によく語っていたというエピソードが残っています。とにかく人を大切にするという一貫した言動が数多く残っており、現在も彼の言葉に鼓舞され、救われる人がたくさんいます。ここまで人の心をつかんで離さないのは、松下幸之助の言葉に嘘偽りがないからではないでしょうか。

嘘までつかれなくとも、言葉を濁されたり、あやふやにごまかされたりすると、聞いているほうは敏感にその微妙な違和感を感じ取ってしまうものです。「本当のところは、どうなんだろう」「なんだか信用できないな」と疑いの目で見られてしまえば、両者の間の信頼関係の成立は厳しいものとなるでしょう。

松下幸之助の言葉に影響力があるのは、それが本当の言葉だからでしょう。そのような言葉を語るためには、話術のような言葉のスキルというよりも、まずブレない「自分軸」を確固たるものにすることが大事なのだと思います。

自分軸が定まれば、その自分軸で様々な物事を判断することができるようになり、言葉も、自ずと一貫性のあるものへと導かれてゆきます。その積み重ねこそが、人に届く本物の言葉をつむぎ、相手の心を揺さぶるのではないかと思います。

状況に振り回されず、自分の軸で判断する。自らの行動も、自分の軸でしっかり律する。そういうブレない軸の存在は、部下にも確実に伝わっていきます。

3 人を動かすビジョン

影響力を育てるしなやか姿勢の原則5の中に、「ビジョンと未来への信頼」を挙げましたが、そのように部下や周囲を惹きつけるビジョン、目標とは具体的にどういうものでしょうか。

ビジョンと目標は明確に

私がここで考えている「ビジョン／目標」とは、それぞれ次のように定義するものです。

ビジョン：ありたい姿　将来のある時点でどのような発展を遂げていたいか
成長していたいか等の構想・未来像

目標　：目指す水準　行動が目指している最終的な結果（数値で示すのが望ましい）

チームに方向性を示すのが「ビジョンと目標」です。

第1章で、チームづくりがリーダーとしての管理職の仕事だと述べましたが、バラバラなメンバーをチームに変えるのに不可欠なのがビジョンと目標です。当然ですが「ビジョンと目標」は、部下や関係者にとって魅力的であればあるほど賛同を得られ、結果として達成に向けたパワーをチームに与えるものとなります。

そして、私自身の経験からも確かに言えることですが、ビジョンと目標は、明確に設定しておけばおくほど達成しやすくなります。日々仕事をしていると色々な選択に迫られますが、ビジョンや目標が明確になっていると、どれを選択すれば、その達成につながるかがすぐわかるので、常に達成に向けた近道を選択することができます。

ビジョンや目標を明確にすることは、確実な達成と達成に向けたスピードを加速させる効果があるのです。

惹きつけるビジョンの3条件

「ビジョンと目標」が大切と言っても、あればいいということではなく、メンバーにとって魅力あるものでなくてはなりません。

管理職であるみなさんは、部下たちと一緒にチームで進めたり、周りの関係部署の人たちと連携して進めたり、部下がいない場合でも協力会社の方と連携したり、たった一人で仕事を進めるということはほぼないのではないかと思います。

このため、ビジョン・目標設定は、自分一人の視点だけではなく、チームの視点で考える必要があります。つまり自分自身だけではなく、部下や周りの関係者までも惹きつけるビジョン・目標かどうか、という視点が重要です。あなたが示すビジョンや目標が魅力あるものとなっているかどうかは、どうしたらわかるでしょうか。私は、これを次の3つの条件を満たすものとしています。

条件① 自分で考えぬいたものかどうか
条件② 部下や周りの関係者の力を引き出すものかどうか
条件③ 自分が成し遂げたいと思うものかどうか

条件① 自分で考えぬいたものか

魅力あるビジョンは、管理職であるあなた自身が徹底的に考えぬくことで生まれます。そうでなくては、それを語る言葉に説得力は生まれません。とはいえ「考えぬいてください」と言っても抽象的すぎて何をどうしていいのかわかりませんね。

まず、次の3つ、「やりたいこと」「やれること」「求められていること」の共通事項を導き出す作業をやってみてください。

やりたいこと　　：自分とチームのありたい姿を実現するもの

やれること　　　　　：自分とチームの強みや得意なこと
求められていること　：会社が自分とチームに求めていること、ミッション

この3つを満たすものを周りの意見も聞きながら徹底的に考えぬいてください。

条件② 部下や周りの関係者の力を引き出すものか

ビジョン・目標を徹底的に考え抜いて、方向性を見つけ出せたら、次は部下や周りの関係者、チームメンバーの力を引き出すものにしていきます。

チームメンバーの力を引き出すビジョン・目標の伝え方には特徴があります。それは、

「何を実現するのか」だけでなく、
「なぜ実現するのか」

に重点をおいて考えられているということです。この「なぜ実現するのか」については、さらに次の3つの観点から考えて伝えていくことが望ましいです。

ビジョン・目標設定ワークシート

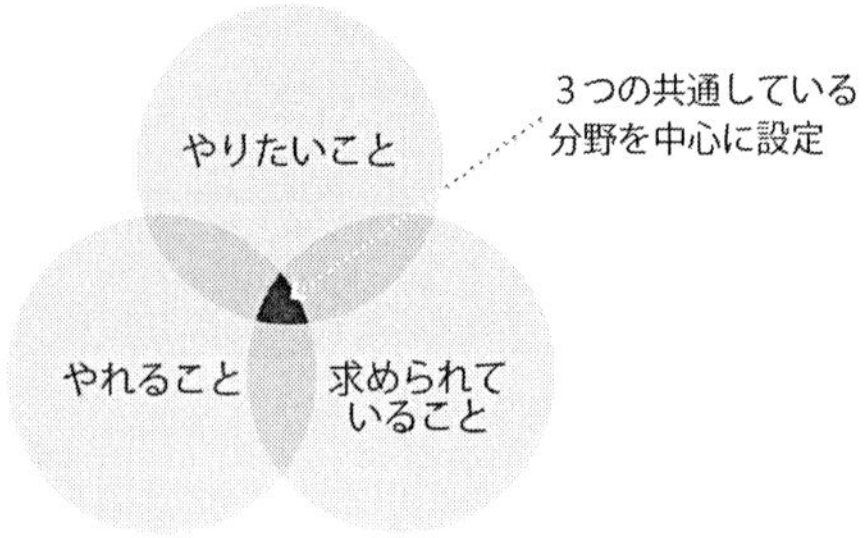

やりたいこと

自分とチームのありたい姿を実現するものは何ですか？

やれること

自分とチームが得意なことは何ですか？それぞれの強みは？

求められていること

自分とチームに会社から与えられているミッションは何ですか？

3つの共通点

▼3つの「なぜ」

なぜ関わるのか：チームメンバーの課題感や目指している思いに触れる

なぜこの仕事なのか：チームのミッション、提供価値に触れ、理解しやすい言葉で伝える

なぜ実現するのか：実現したときにチームメンバーがどのように感じられるか想像できるようにする

この3つの「なぜ」をミッション・目標の中に折り込み、チームメンバーに伝えていきます。

条件③ 自分が成し遂げたいと思うものか

チームのリーダー的存在である自分自身が成し遂げたいものでなければ、チームメンバーにとっても魅力的なビジョン・目標になるはずがありません。「部下は上司よりも幸せになれない法則」のところでも述べたように、自分自身がまず大きなやりがいと達成感を感じることが必須条件です。

このため、ビジョン・目標を設定したら、改めて、それが本当に自分が成し遂げたいものなのか、大きなやりがいと達成感を感じられるものなのかについて確認していきます。

ここでのポイントは次の通りです。

自らの価値観（自分が何を大事にしているのか）と信念に沿っているかを確認し、ビジョンに自らの価値観と信念を込める。

すでに会社の中で、ビジョン・目標を設定して仕事を進めている方は多いと思いますが、今一度、みなさんのチームのビジョン・目標が、自分にとって魅力的なものとなっているかという観点から再チェックされるとよいと思います。

同じ内容であったとしても、表現や伝え方によってチームメンバーの反応が劇的に変わる、ということも十分有り得ることなので、ここはこだわりぬいて考えてみていただきたいと思います。

周りを惹きつけるビジョン・目標ができたら、今度はそれを発信して、応援してくれる人、味方になってくれる人を集めていきます。応援してくれる人、協力してくれる人が多

株式会社リノパートナーズのビジョン・目標

<ビジョン>
技術系企業のジェンダーギャップ解消を突破口としたダイバーシティ経営の推進に貢献することで、イノベーションを起こし、未来を創造するパートナーとなります。

<目標>
5年後までに、技術系企業のリーダークラスの3割を「しなやかリーダー」に育成することを目指します。


ければ多いほど、ビジョンや目標は達成しやすく、またそれを達成するためのチャンスも訪れやすくなります。

私も、会社を設立した当初から、設定したビジョンと目標をどんどん周りに発信しています。そうすることで、協力者が現れたり、ビジョン・目標達成につながるプロジェクトを紹介されたりと、大変ありがたいことが次々と起こるようになりました。これは会社の中の仕事であっても同様です。チームの仕事を進めるためには社内外含めた多くの関係者と連携していく必要があります。より多くの人たちから応援され、協力されることがチームのビジョン・目標達成への近道になるはずです。

ここで、弊社リノパートナーズのビジョンと目標を参考までにご紹介します(図上)。短い文章ですが、社員含め、関係者と議論を重ね、考えぬいたつもりです。魅力的なビジョン・目標となっているでしょうか。

【2分間巻き込みプレゼン術】

第2章の最後は、あなたのビジョンに周りを巻き込み、より多くの応援者、協力者を募るための「巻き込みプレゼンテーション術」をお伝えします。名づけて「2分間巻き込みプレゼン術」です。

2分間の構成

プレゼンテーションは時間が勝負です。聞く側を飽きさせず、インパクトのあるものにするには、まずは2分程度で収まる言葉にまとめてみましょう。

そして、この2分間の時間を次のように配分してプレゼンテーションを行うのです。

最初の40秒：課題感
次の60秒：ビジョン
最後の20秒：行動要請

周りが味方になる！巻き込みプレゼン術

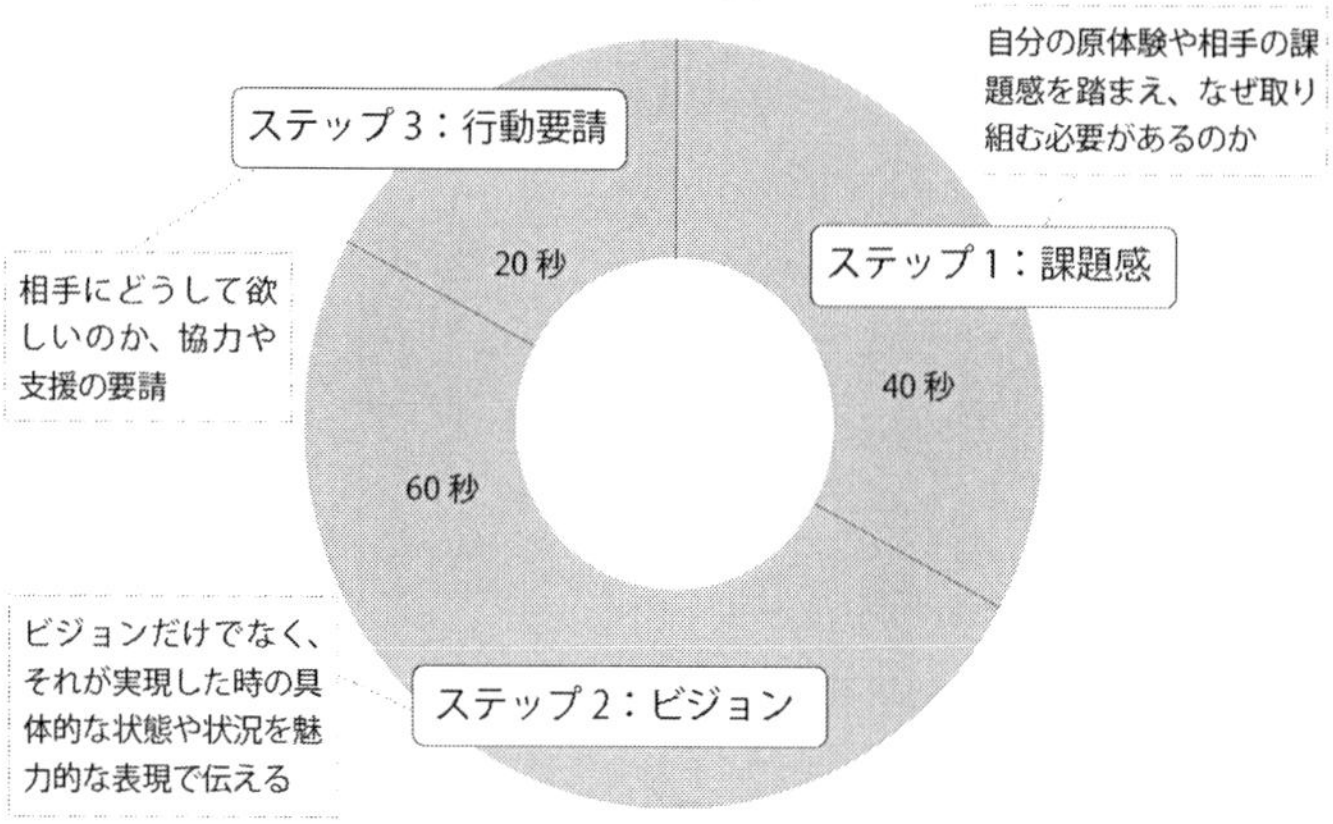
自分の原体験や相手の課題感を踏まえ、なぜ取り組む必要があるのか
ステップ1：課題感
40秒
ステップ2：ビジョン
60秒
ビジョンだけでなく、それが実現した時の具体的な状態や状況を魅力的な表現で伝える
ステップ3：行動要請
20秒
相手にどうして欲しいのか、協力や支援の要請

ステップ1　最初の40秒は課題感を語る

巻き込みプレゼンテーションの2分間のうち最初の40秒は、課題感を語ります。最初に課題感を語ることで、聞いている人をぐっと惹きつけていきましょう。

まずは自分の課題感、そして部下やチームメンバーの課題感を踏まえ、なぜやる必要があるのかについて話しをします。自分の課題感は、ご自身の実体験をもとに語るとより説得力が増すでしょう。

部下やチームメンバーの課題感はわかっている範囲で必ず取り入れます。これは事前のリサーチが重要です。事前に聞く人たちがどんなことに課題を感じているのか、ヒアリングを通してリサーチをしておくことをオススメします。

ステップ2　次の60秒はビジョンを語る

課題感を語った後の次の60秒間で、本題であるビジョンを語ります。課題とビジョンが「つながる」ように意識して伝えていきます。特に、それが実現したときの具体的な状態や状況について、聞き手にとって魅力的な表現となっているか、考えてください。やはり聞き手の人たちの目指したい姿や思い、価値観などについて事前にリサーチしておくことをオススメします。

ステップ3　最後の20秒は行動要請をする

最後の20秒では、聞いている人たちに向けた行動要請をします。聞き手にどうして欲しいのか、プロジェクトメンバーに入って欲しいのか、協力や支援が欲しいのかについて具体的に伝えます。

より明確に、やって欲しいことを伝えるのがここでのポイントです。明確に伝えることで、聞き手は自分が行動する具体的なイメージが湧きやすくなり、行動につながる可能性が高いからです。そして、最後に改めて、まとめとしてビジョンを一言で集約して語るのも非常に効果的な方法です。

前に述べたとおり、支援型リーダーシップは、これからのマネジメント層にますます必要とされるでしょう。ひと昔前は、長くその分野に関わった人ほど蓄積された知識やスキルを持っていて、若手社員はその技術を上司から学びとっていく時代でした。そういう時代には、指示型のマネジメントスタイルは大いに力を発揮したと思います。

現在は、新たな技術や情報が溢れるように日々飛び交い、上司よりも若手社員のほうが情報をうまく扱い、適切に判断し、新たな技術開発などに結びつけるのが上手だったりするものです。スピーディーな時代に取り残されず、その中でイノベーションを起こしていくためには、多様な世代・価値観・経験をもつ人々にしなやかに寄り添い、知恵を引き出し、それらを融合させて価値を生み出し、発信していくことが重要だと考えます。

それを実現するキーパーソンが、支援型リーダーシップを発揮できるマネジメント層だと私は思います。なぜなら、相手の可能性を信じ、一人ひとりが独自性を保ちながら、それらがバラバラにならずチームとしての一体感をまとっていくためには、多様性を受け入れ、認め合う関わりが重要だからです。チームをまとめる管理職がその姿勢を保つことで、互いの能力を最大限発揮できるように支援し合う意識が醸成され、チーム全体が大きな「影響力」を発揮していくことにつながるのです。

ワークシート

ブレない〈自分軸〉の作り方

次の4つのステップで取りくんでみましょう。

ステップ① 自分の強みを意識する
ステップ② 自分の信念を盛り込む
ステップ③ しなやか姿勢で考える
ステップ④ 「自分のあり方10か条」を制定する

私はいつも「自分軸」を「自分のあり方10か条」として、あえて言葉にしています。これをいつも目にするところに置いて、決断を求められる場面になったとき、判断に迷うときなどは、これを見返すようにするのです。あえて言葉にし、日常的に目にするようにしておくことで、ブレずに進むことができているように思います。みなさんもぜひ、この「自分のあり方10か条」を制定してみてください。職場で壁に貼り出すなどはちょっと恥ずか

自分のあり方検討シート

①自分の強み

②自分の信念

③しなやか姿勢

原則１：
起こったことを前向きに捉える
原則２：
他者との違いを価値、可能性と考える
原則３：
まずは自分が今できることに全力で取り組む
原則４：
やり方は変えても目的はぶらさない
原則５：
人・仕事・未来の可能性を信じる

④自分のあり方 10 か条

第１条：

第２条：

第３条：

第４条：

第５条：

第６条：

第７条：

第８条：

第９条：

第１０条：

しいかもしれませんが、手帳の最初に書いておくなどオススメです。

やり方は次の通りです。

ステップ1

自分の強みを書き出す

まず、第1章でお伝えした「自分の強みの見つけ方」をもとに、自分の強みをそのまま書き出しましょう。

ステップ2

自分の信念を書き出す

次に、日頃の自分を振り返り、自分が何かを判断したりするときに、何を大事にしているかを書き出してみてください。自覚していなかったとしても、自分自身の価値観（大事にしていること）は必ずあります。日々の仕事の判断は、あなたが何を大切にした結果でしょうか。その根っこにある信念を短い文章にしてみましょう。

私の場合は、次の2つに行き着きました。

・人には無限の可能性がある
・人を大事にする会社は必ず成長する

これは私が信じている価値だと思うことを、文章に置き換えたものです。この2つが私のブレない信念です。みなさんはいかがでしょうか。

ステップ3 しなやか姿勢で考える

しなやか姿勢を意識することで、自分自身を成長させていくことができると確信しています。しなやか姿勢を持った人の存在は、周囲にも良い影響を与え、会社を成長に導くキーパーソンとなるでしょう。

しかし、「しなやか姿勢の5原則」を常に実践できれば良いのですが、日々の業務の中では、不安を感じたり、辛くて諦めてしまいそうになることも多々あると思います。思わず怯んでしまいそうな時に、この5原則を思い出すことで、

「もう一度やってみようかな」

と一歩前に進むための考え方として、ぜひ心に留めておいてほしいと思います。

ステップ4

「自分のあり方10か条」を制定する

さて、ステップ①〜③の内容を踏まえて「自分のあり方10か条」を考えていきましょう。ステップ③の「しなやか姿勢の5原則」の言葉などを参考にして考えてみると出しやすくなるかもしれません。必ずしも10個出さなくても構いませんが、私の経験から10個が自分の中に浸透しやすく、また漏れなく自分の考えを網羅して出せる数ではないかと思っています。10個を目安としてみてください。私の「自分のあり方10か条」は次の通りです（図左）。

（例）自分のあり方検討シート

①自分の強み

・人事、育成業務経験
・大企業での管理職経験
・人の考えを察する力
・調整力
・柔らかい雰囲気
・向上心
・前向きな思考力
・論理的思考力

②自分の信念

・人には無限の可能性がある
・人を大事にする会社は必ず
　成長する

③しなやか姿勢

原則１：
起こったことを前向きに捉える
原則２：
他者との違いを価値、可能性と考える
原則３：
まずは自分が今できることに全力で取り組む
原則４：
やり方は変えても目的はぶらさない
原則５：
人・仕事・未来の可能性を信じる

④自分のあり方 10 か条

第１条：
最後は必ず前向き思考

第２条：
多様な価値観を受け入れる

第３条：
２ステップ高い視点で見る

第４条：
人の可能性を信じ、人を大事にする

第５条：
まずは実行してみる

第６条：
最高のものだけを提供する

第７条：
自分をとことん磨き続ける

第８条：
やると決めたら諦めない

第９条：
自己責任・自分依存

第１０条：
全てのことに感謝する

明日からやってみよう

魅力的なビジョンを設定し、周りに巻き込みプレゼンをしましょう

自分のチームにとって魅力的なビジョンを設定し、チームメンバーや関係者などの周りの人を巻き込むために、2分間のプレゼンテーションをしてみましょう。

行動のポイント

・全ての関係者を1回で集めようとせずに、可能な人から巻き込みプレゼンをやってみましょう。
・プレゼンを行ったら、聴いてくれた人から必ずフィードバックをもらって、次に活かしていくようにしましょう。
・2分間のプレゼン内容はできればあらかじめ原稿を書いておき、身近な人の前でリハーサルを行っておくと、緊張せずに落ち着いて話ができるようになります。

行動したらこんないいことが！

・自分が設定したビジョンに共感し、応援、協力、支援してくれる人が現れ、達成に向けてのスピードが加速していきます。

・自ら、自分の思いを語るという姿勢が認められ、周りから信頼され、支持されることで、その後の仕事が進めやすく成果を出しやすくなります。

第3章

聞いて選んで組み合わす

——チームカをあげる〈調整力〉

みんなの力を組み合わせる「調整力」

上から引っぱっていくタイプの従来型のリーダーシップでは、「統制（コントロール」が重要とされてきました。ただ、このリーダーシップスタイルを女性が採用すると反発を招きやすく、今のところ、あまり効果的でないということ、そしてこれからの時代は、男女問わず支援型リーダーが求められるだろうということを述べてきました。この支援型の管理職の仕事を一言でいえば、「調整」だと私は思っています。

私は管理職になりたての頃、「調整」を「自分の意見を通して、合意を得ること」と理解していた節があります。会議形式の昇格試験では、誰も気づかなかった新たな視点の提案を掲げ、その場の全員が私の意見に賛同してくれたので、意気揚々としていたのですが、返ってきたのは「調整力が全くない」というフィードバックでした。

いったい何がだめだったのか？　ここから私の「調整って何？」の旅がはじま

りました。そういう私ですから「人には調整力があるタイプとないタイプがいる」という風には思いません。「調整力」は、学んで実践することで、身につけることができるものです。

｜調整って何？

合意のプロセスが肝心

管理職が働きかけを行う「人」は、社内外含めて実に様々です。それぞれの思惑があり、利害関係が絡み合っているのが普通です。この関係者の思いをうまくつなげ、利害を調整し、それぞれの納得を引き出して、自発的な参加を促し、仕事を成功に導いていく。「調整」は「しなやかマネジメント」の最も重要なスキルの一つと言えます。

私の最初の昇格試験のフィードバックレポートにはこんなふうに書かれていました。

「こだわりが強く、調整力が圧倒的に低い」。

それまで私は自分は調整力があるほうだと思っており、研修でも参加者の意見をリードして、うまく合意に至らせることができたと思っていました。要するに「うまくできた」と思っていたのです。そのため、この言葉を目にしたときは、かなりのショックを受けました。

これがきっかけとなって、私は調整力を身につけようと、積極的に研修を受講したり、書籍を読んだりして勉強しました。そして、勉強したことを実際の業務の中で少しずつ実践していったのです。

そして、二度目の管理職昇格試験にチャレンジしたとき、フィードバックレポートには、

「特に調整力が高く、リーダーとしての適性が見られる」

と書かれていたのです。驚きました。そしてとても嬉しかったです。苦手な分野を諦めずに学んだことで得意分野にすることができた経験は後につながる大きな自信になりまし

た。

では、「調整力」とは、どのような「力」なのでしょうか。

当時の私は、「調整＝色々意見を聞いて、妥協を図りながら合意を導くこと」となんとなく理解はしていました。でも肝心なところがわかっていなかったと思うのです。それは「合意のプロセス」です。

「深い納得」がコミットメントを生む

恥ずかしながら、研修試験中の私はどこかで自分が参加者の中で「いちばん正しい答え」を知っていると思っていた気がします。そのうえで、参加者の意見をいわば聞いているふりをして、最終的に自分の「正解」を説得しようとしていたのです。実際に、参加者は「そうだそうだ」とうなずいて、その場では納得して合意してくれたのです。

しかし彼らは表面的には「そうだ」と同意してくれていましたが、本当にそうだったのでしょうか。単に私の声が大きくて、周りの意見をねじ伏せるように否定したので、「はいはい」と合意してくれた、ということだったのではないかと思います。

「納得」には質があります。

深さといってもいいですが、表面上の浅い納得と、「本当にそうだな」という自分の腹に落ちる深い納得があるでしょう。そして、浅い納得で合意をしたことは「他人事」になりますが、深い納得のもとに同意したものは、「自分事」になるのではないでしょうか。

「質の高い納得」をしてくれた人は、その後、自分で考え、自分から動き出してくれます。「質の低い納得」、浅い納得をした人は、その後、リーダーの指示を待つでしょう。

「質の高い納得」は、メンバーのチームへのコミットメントの質をあげ、チームの力も高めます。「調整」は単に合意をすればいいのではなく、「質の高い納得」を生み出す「合意のプロセス」になっているかどうかが肝心なのです。

調整の基本3原則

合意のプロセスで重要なのは、次の3つの原則です。

[管理職としての調整の基本3原則]

原則① 再燃防止の発想
原則② バランス判断
原則③ 相互理解の醸成

原則① 再燃防止の発想

かつての私がやっていたように、その場でとにかくゴリ押しして自分の意見を通してしまうと、ゴリ押しされたほうは、納得していない状態のままなので、後々それが不満となって再燃する可能性が高くなります。

このため、双方の納得を引き出すという考え方で進めることがとても大事です。また、人は納得すると行動につなげてくれます。納得して合意したことであれば相手も積極的に行動してくれるので、その後の取り組みがうまくいくことは言うまでもありません。

原則② バランス判断

これも最良の調整をするためにはとても重要な視点になります。

感情を抜きにして、客観的な立場で調整することを心がけると言うことです。状況を正確に把握して、客観的な視点で合理的に調整をしていくことで、関係者の合意を形成しやすくなります。

原則③ 相互理解の醸成

長期的な納得性を醸成して、調整の効果を継続的なものにするためには、関係者の相互理解が非常に重要になってきます。

お互いの立場、視点を共有し、お互いに理解し合っておくことで、その後も含めた調整がスムーズになり、結果として生産性が上がっていくことになります。

2 みんなの視点を組み合わせる

かけ算で視点を上げる

女性向けのイベントを企画したときのことです。働く女性の意識改革というテーマで講演会を企画したのですが、各方面への調整も済み、あとは事業部長に承認をもらうのみ……というところまで来て、普段は言葉少ない事業部長が、こんなことを言ったのです。

「これ、正社員だけなの？
せっかくだから派遣社員の女性にも聞かせてあげられないかな」

私は意表を突かれて、一瞬頭が真っ白になりましたが、「検討します」と言ってその場をあとにしました。しかし、どんなに考えても、なぜ事業部長が社員向け研修に派遣社員も参加させたいのか、その理由も、そこに至った背景も、どうしても思い当たりません。煮詰まった私は、別の部署の上司に相談を持ちかけました。すると、

「そういえば、事業部長の秘書は派遣社員じゃなかった？
すごく優秀だって聞いたことがあるよ」

とヒントをくれたのです。なるほど、と思ったと同時に、以前、事業部長が私にある論

文を読むよう勧めてくれたことを思い出しました。その内容は、女性活躍推進というものの、女性はまだ有期雇用や派遣社員という立場で働いている人が多く、活躍と呼べるには程遠い、といった内容でした。私は、事業部長が優秀な秘書をいずれは正社員にしたいのだろう、そのために少しでも知識やスキルを得られる機会を与えたいという思いがあったのだろう、と考えました。

そこから、私は調整済みだった現場の担当者や関係者に、講演会の聴講対象者の拡充について再調整に取り掛かりました。幸い、関係者全員が理解をしてくださり、「うちの派遣社員にも受けるよう伝えるね」と言ってくれたのですが、調べたところ派遣社員の研修参加は法的な考慮が十分必要なことが判明し、最終的に「希望制にして、参加するかどうか本人に任せる」という結論を持って、改めて事業部長に報告しました。これが失敗したらどうしよう……と、こわごわ説明し終えたら、あっさり「わかった」と一言で承認され、めでたく全方位的に調整が叶って、結果としてよりよい施策となりました。

調整は単なるパイプ役ではなく、関わる人全員の意見を聞き、それらの視点を選び、組み合わせることで、全員が納得する着地点を探すプロセスです。

【100％ｗｉｎ・ｗｉｎ調整5ステップ】

前述の事例のように、私自身が、うまく調整できたときの進め方、もって行き方を棚卸して体系化してみたのが次の「100％ｗｉｎ・ｗｉｎ調整5ステップ」です。

弊社が提供している「しなやかリーダー塾」の中でお伝えし、このステップに則って実践してもらった結果、参加者のみなさんから、関係者との間で「ｗｉｎ・ｗｉｎ」となる調整に成功したとの報告をいただきました。また、受講者の上司からも非常に有効なメソッドと高い評価をいただきました。

【100％ｗｉｎ・ｗｉｎ調整5ステップ】

ステップ① 意見・主張の分析
ステップ② 価値観の分析
ステップ③ 前提条件の確認
ステップ④ 「最優先ポイント」の選択
ステップ⑤ ｗｉｎ・ｗｉｎ案の策定

STEP4：最優先ポイントの選択

STEP3の「前提条件」を踏まえて、STEP2で分析した関係者それぞれの「重視してるポイント」の中から今回の調整で最も優先すべきポイントを選択する

	内　　容
最優先 ポイント	

STEP5：win-win案の策定

● STEP4で導き出した「最優先ポイント」を踏まえる

● STEP2で分析した関係者それぞれの「譲れないポイント」について全て取り入れられるような案を模索する

win-win案

100%win-win 調整5ステップ

STEP1：意見・主張の分析

関係者それぞれの「意見・主張」を整理し、意見・主張の「共通点」と「相違点」を見出す

	（　名前　）	（　名前　）
意見・主張		
共通点		
相違点		

STEP2：価値観の分析

関係者それぞれの「重視しているポイント」と「譲れないポイント」を分析する

	（　名前　）	（　名前　）
重視しているポイント		
譲れないポイント		

STEP3：前提条件の確認

調整を行うにあたって満たすべき条件（費用やスケジュール等）を「前提条件」として抽出する

	内　容
前提条件	

ステップ1　意見・主張の分析

はじめに、関係者それぞれの意見・主張を整理して、共通点と相違点を見つけ出していきます。例えば、チームで次年度の事業計画を検討するときなど、上司と部下と自分で意見が異なることはよくあることです。

その際、まずは感情的にならずに、次の例のように、それぞれの意見・主張、共通点と相違点を見つけ出して、書き出して行きましょう。

例：意見・主張

上司：コスト削減施策を優先的に行いたい

部下：売上向上施策を優先的に行いたい

共通点↓チームの利益を上げる施策を行いたい

相違点↓利益を上げるためのアプローチが異なる

ステップ2　価値観の分析

ステップ①で関係者それぞれの意見・主張の分析ができたら、次は、関係者の価値観の分析を行っていきます。具体的には、それぞれの「優先しているポイント」と「譲れないポイント」を見出し、書き出していきます。

例：［優先しているポイント］
　上司：効率性
　部下：品質
［譲れないポイント］
　上司：最小限の費用で実行する
　部下：成果が見込めることを実行する

ステップ3 前提条件の確認

ここで、調整を行うにあたって満たすべき条件（費用やスケジュール等）を確認します。これを無視して調整してしまうと検討結果が絵に描いた餅のように全く意味のない、達成できないものになってしまいかねません。これは、外せない、という前提条件をここできちんと確認しておきましょう。

ステップ4 「最優先ポイント」の選択

ステップ③で出した前提条件を踏まえて、ステップ②で挙げた「優先しているポイント」の中から、今回の調整で「最優先ポイント」を選択します。

ステップ②で分析した各々の優先しているポイントの中から、最も優先すべきポイントを出しているので、関係者の納得感が得られやすくなります。

例えば、先ほどの例でいくと、ステップ③で挙げた前提条件で施策実施の期限が短く、費用もあまりかけられない状況だとすると、ステップ②で挙げた「優先しているポイント」のうち、上司の「効率性」を「最優先ポイント」として選択した方がよさそうだということになります。

ステップ5 win・win案の策定

いよいよ最後のステップです。これまでのステップで検討した内容を踏まえて、

ｗｉｎ・ｗｉｎ案を考えていきます。ｗｉｎ・ｗｉｎ案は、

・「最優先ポイント」を踏まえる
・双方の「譲れないポイント」については、
　すべて取り入れられるような案を模索する

ということを考慮して検討します。先ほどからの例でいくと、

「最小限の費用」で「効率を重視」し、
「成果が見込めることを実行する」

ということになるでしょう。

私があるサービス推進事業に携わったときのことです。その事業は一定の利益は確保していたものの、取り巻く状況の変化により、その利益幅が少しずつ少なくなってきていることと、競合となる新たなサービスが市場にたくさん出てきたことから、存続と更なる発展をかけて、次の打ち手を考えていかなくてはいけない状況になっていました。

このため、そのサービスを推進している部署で、今後の事業の方向性を決めて、それに向けて取り組みを行うことになりました。

ところが、これからの事業の方向性として、戦略を考えたところ、私の上司の意見と部下の意見が全く真逆だったことが判明しました。この意見の食い違いから、当時、その部署では、メンバーの行動に一貫性がなく、それぞれ思い思いのバラバラな行動をとっていたのでした。これでは、これからこの事業が発展することは期待できません。

私は、上司と部下の意見を調整し、部署のメンバーが一丸となって進める方針を決めることにしました。

まず、双方の意見の分析(ステップ①)を行います。上司と部下の共通点は「サービスの利益を伸ばしていきたい」という思い。違いは、価値観(ステップ②)でした。上司は、「自組織の強みを活かす」こと、部下は、「弱みを克服する」ことでした。双方の譲れないポイントは、上司は「法人向けを強化する」こと、部下は「個人向けにサービスを行う」ことが優先しているポイントでした。

前提条件として考えられたことは(ステップ③)、会社自体がこれまでずっと法人向けを中心に事業を行っており、個人向けサービスの運営機能がほぼ無いことと、事業推進にあたって、新たな人材や費用などの確保はできないということでした。

このことから、私は、今あるリソースで最大の成果を得るためには、上司の最優先ポイントである「自組織の強みを活かす」を選択し（ステップ④）、強みである法人向けにサービスを強化していく方向性にした方がよいと考えました。

しかしながら、部下の「譲れないポイント」は、個人向けにサービスを行うべきだ、ということです。そこで、部下には、前提条件を踏まえると、法人向けを伸ばすことが必要であることを説明したうえで、個人向けには、パートナー会社に間に入ってもらって提供するということを提案しました。つまり、個人向けに事業を展開している会社と提携して、そのパートナー会社経由で個人向けにサービスを提供することで、自組織の直接のターゲットは法人としたままで、個人向けにもサービスの提供を可能とするということです。この提案をしたところ、「なるほど！　それならうまく行くかもしれない」と、上司からも部下からも賛同（合意）を得ることができました（ステップ⑤）。

調整は意見を「足し算」することではありません。

「ｗｉｎ・ｗｉｎ案」が、みんなの意見をただ「いいね」と受け止めて、それを積み上げるだけでは、会議の後には、それぞれのベクトルの意見が散らかるだけになってしまうでしょう。そこで必要なのは、異なる意見をよく聞き、分析したうえで、

いかに組み合わせるか

という視点です。それこそが腕の見せどころ、磨きどころです。「最優先ポイント」を外さずに、できる限り多くの人の「譲れないポイント」をいかに取り入れるか、取り入れることが難しい場合は、なぜ取り入れられないかを納得を得られる形で語れるか。もし取り入れられなくとも、自分の意見を聞いてもらえた、検討された、と実感してもらうことが肝心です。「調整」は、

よく聞く↓よく考える（分析する）**↓判断する**（選ぶ）**↓組み合わす**

というプロセスをへて質の高い納得を生み出し、メンバーの意識をつなぐことです。

3 時間を味方につけよう

どうしても関係者の意見がぶつかり合う形となってしまい、ｗｉｎ・ｗｉｎ案が見つか

らないときもあると思います。そんなときのために、役立つのが「ジワジワ調整法」です。

じっくり合意に持ち込む【ジワジワ調整法】

これは、時間を味方につけて、ジワジワと少しずつ水面下で調整を行い、合意のタイミングを見極めることによって、関係者全員が１００％納得する形で、合意形成に持ち込んでいく手法です。

このメソッドは、会社や組織の中での管理職としての様々な調整に苦痛を感じている特に女性管理職のみなさんには、ぜひ身につけてもらいたいと思っています。

私もそうなのですが、特に真面目で責任感が強い傾向にある女性は、できるだけ速く、目の前の仕事を片づけたいと思ってしまいがちです。私は、会社や組織の中で働く多くの女性たちを見てきましたが、優秀な方であればあるほど、この傾向が強いように思います。

自分一人だけで完結できる比較的定型化された仕事であれば、なるべく速く目の前の仕事を片づける、すぐにやる、ということは素晴らしいことなのですが、こと、管理職の仕事の中心である調整については、自分の努力だけでは解決できないことも多く、なかなか進まない、といったこともよくあることなのです。ところが、真面目で責任感の強い方であればあるほど、このなかなか進まないという状況にストレスを感じて、管理職の仕事に自信をなくしてしまう、といった状況に陥りがちです。

これまでも述べてきましたように、管理職の仕事は、担当者の仕事とはその質が異なります。このため、管理職としても全ての仕事をできるだけ速く行うべきだという考えは捨ててしまったほうが、結果として仕事もうまくいきますし、自分自身もストレスなく仕事に取り組めるのです。

特に調整業務は、時間が解決してくれることがたくさんあります。

このため、この時間をおく、タイミングを計るといった発想を持って調整することで、ストレスなく、より仕事をうまく進められるようになります。ぜひこの「ジワジワ調整法」を身につけて欲しいと思います。

時間が視点を変える

私がこの「時間をおく」という発想に効果を感じたのは、ある先輩社員のアドバイスからでした。

当時、入社3年目くらいだった私は、仕事で問題に直面し、速く解決しようと頭を悩ませていました。どんなに考えてもよい案が浮かんでこないという状況で、困り果てて先輩社員に相談したところ、彼は私の話をひたすら聞いた後、こう笑顔で言ったのです。

「今日は、帰ろう。また、明日考えよう」

私は、びっくりして、「えっ、いいんですか⁉」と思わず言ってしまいました。すると、彼は、

「だって、今、どうしても解決しなきゃいけないってわけじゃないでしょ。明日になれば、よい案が浮かんでくるかもしれないよ」

と言ったのです。「あ、確かに！」と思い、その日は早めに帰宅しました。そして家に帰って夕食をとってお風呂にゆっくり浸かっていたときに、ふっと問題解決のためのとてもよいアイデアが浮かんできたのです。早速、次の日、先輩にそのアイデアの話をしました。そうしたら、彼は、

「ほらね！　時間をおくと、いい案浮かんでくるじゃん！」

と言ったのです。そして、あっさり問題を解決することができました。

それまで私は早く自分の担当業務の仕事を覚えようと、気持ちのゆとりもなく仕事をしていました。そのため、何か問題等の不測の事態が起きるとパニック気味になってしまい、落ち着いて考えられていなかったのだと思います。早めに帰宅しゆっくりして、気持ちに余裕ができたことで、アイデアが浮かんできたのです。

この経験がきっかけとなり、私は、時間を置いて考える、ということを積極的にするようになっていきました。

時間をおくと、視点が変わります。

追い詰められていると視点が特に一点に集中して「これしかない」というように思い込んでしまいがちですが、時間をおくと、事柄との距離が生まれ、新たな視点で見ることができるようになります。そして「時間を味方につける」という発想は、違うシーンでも色々役立つことことがわかってきました。

管理職になると、不測の事態に遭遇することがグッと増えてきます。調整がうまく進まず、ずっと結論が出ないまま停滞していることなどもあるでしょう。そういうとき、スケジュールを考えたときに問題がなければ、私は、そこから気持ちを一旦離して別の仕事をするようにしました。すると、ほとんどの停滞していた仕事は、周りの状況が変わったり、自分自身によいアイデアが浮かんだりして、機が熟すタイミングが訪れ、よい方向で進めることができたのです。

もちろん、時間の制約があり、今すぐに方向性を決定しなければならないときもあるでしょう。その場合も一旦は、何らかの結論を出したうえで、改めて時間をかけて検討し、機が熟したらタイミングを見て再度調整を行う、といった二段階戦法で進めることもできるようになりました。

調整法① 時間のつくり方

では具体的に「ジワジワ調整法」を見てゆきましょう。

最初は時間の取り方ですが、これには次の2つの考え方があります。

1　期限まで調整を保留にする
2　調整する時間をつくる

ひとつめの期限まで調整を保留にする場合は、この期限の設定が重要になってきます。期限は「100%win・win調整ステップ」のところでお伝えした前提条件となるスケジュールを考慮するとよいと考えます。その前提条件となる期限に間に合うように合意をとる、決めることになりますので、合意、決定の時間も考慮して、どんなに遅くともその1週間前くらいがデッドラインになるかと思います。

2つめの時間をつくるということは、どういうことかというと、ひとまず一時的な代替案を考えて実行しているうちに本案を検討する、というものです。

この代替案の出し方は次のことを考慮しておくと、後々スムーズに進められると思います。

▼「代替案」の考え方

・広い視点で様々な切り口で考えてみる
・上位役職者に情報収集、相談をする
・本案の一部を前倒しで実行する可能性を探る
・本案への切り替えがスムーズになるように考えておく

・状況が変わって、代替案が本案になったとしても
問題が起こらないようにしておく

そして、この代替案をひとまず実行する場合は、関係者に代替案であることを報告し、事前に合意をとっておくと、後々に検討再開するときによりスムーズです。

調整法② 関わり方

こうして、時間を取っている間に、状況や関係者の変化を期待して、機が熟すのを待つことになるのですが、よりそれを確実にするためには、自らも変化を促す関わりを少しずつ、それこそジワジワとしておくと非常に効果的です。

この変化を促すための関わりは次の2ステップで行動していきます。

ステップ1　関係者の「何が変われば合意できるか」を探す

はじめに、関係者の考えのうち、変化すれば合意できる点を見つけ出します。これは、

「100％win・win調整5ステップ」で検討した「譲れないポイント」や「前提条件」であることが多いと思いますので、特に着目して探していくとよいと思います。

ステップ2　変化を起こすためのアプローチをする

変化すれば合意できる点が見つかったら、次にその部分に変化を起こすためのアプローチを行います。アプローチは次のことを意識するとうまく行きやすいでしょう。

▼関係者との間に信頼関係を構築する

あなたが言うならわかったと納得してくれるぐらいまで、関係者との信頼関係を築いておきます。

▼変化して欲しい点について、本人に「事例」として伝える

本人がこだわっていることがこだわらなくても問題ないというメッセージを自分または他者の事例として伝えます。事例としてストーリーで伝えることで、相手は受け取りやすくなり、説得力が増してきます。

▼関係者に影響力のある人から話をしてもらう

考えを変えて欲しい関係者に影響力がある人、関係者が尊敬している人に事情を説明して、説得してもらいます。

▼本人の考えを支配している要因を取り除く

考えを変えられない要因、こだわりポイントについて、そこを取り除くための取り組みを行います。

▼調整に苦労している姿を見せる

これは裏技（?）です。自分が調整に苦労している姿をあえて見せることによって、「苦労させて悪いことをしてるな……」と気持ちの変化を促すものです。ただし、これは相手との信頼関係ができていることが大前提です。

調整法③ 終わらせ方

時間を取って、関係者の変化を促すための関わりをした後は、いよいよ調整再開です。調整再開タイミングの見極めポイントは次の通りです。

▼調整再開タイミングの見極めポイント

・関係者の考えが80%程度変化したとき
・上司の異動等で方針が変わり、前提条件が変わったとき
・関係者間で信頼関係が醸成できたとき

［ジワジワ調整法］のキーポイントは、

・情報収集力、状況を察する力
・細部にわたる丁寧な対応

の2つだと考えています。この方法は、比較的、多くの女性が無理なく取り組めるのではないかと思います。なかには得意分野という方もいらっしゃるかもしれませんね。

【影響力地図】を頭に入れる

このような関係者との調整を行うときに、どのように誰に働きかけるかを考えるにあたり、各関係者の影響力を情報収集したり、その人にとって影響力がある人をできるだけ把握しておきましょう。影響力という観点からの地図を描いておくのです。

私は経験上、男性が多い組織の中での自分自身の立ち回り方を意識して工夫しなければ、うまくいくものもうまくいかないと痛感しています。男性は仕事に対して強いプライドを持っていることが多く、どんなに正しいことでも指摘される相手によっては、面白くない感情を抱いてしまうことも多いです。特に部下や同僚の女性からは言われたくないと思う男性もまだまだ多いように思います。

このため、特に女性のみなさんには、関係者の影響力を考慮しながら、影響力の大きい人との信頼関係を構築して、場合によっては、その影響力の大きい人から関係者を説得してもらうように関わっていく、といったコツがまだまだ必要なのではないかと考えます。

「ジワジワ調整法」は、そのプロセスで、関わる人たちの納得を時間をかけて積み上げていくプロセスです。強い統率力で引っぱっていくやり方に比べると、かなり地道で、いわば「手間のかかる」方法と言えるでしょう。

でも、このプロセスは単なる合意に至るためのものでなく、チームへの関係者のコミットメント（参加度）を得ていくプロセスです。確実に一人ひとりの納得を得ていくと、一人ひとりがその仕事を自分事として、つまり責任を持って受け止めてくれるようになります。

こうなると、その後の仕事の質が全く違ってきます。調整型のリーダーの成果は「結果として」実るもので、それは、あなただけが達成した、ということでなく「みんなで達成した」という気持ちをもたらすでしょう。目立つ主役にはなりにくいかもしれませんが、まさにジワジワと、成果が生まれてくるはずです。

振り返ってみると、自分の答えが「いちばん」だと思っていた私は、他の人の意見は「2番」や「3番」だと思っており、もっと言えば「まちがっている」と思っていたと言えます。そして、参加者の意見を聞きながら、自分の意見が「いちばん」正しいということを「説得」しようとしていました。

どうして人の意見を否定することに抵抗がなかったのでしょうか。

それは自分の答えが全員にとっても「正しいに違いない」と思っていたからです。言い換えれば、答えはひとつだし、その答えをリーダーは知っていなければならないと思っていたわけです。しかし意見を言ってもどうせ否定されるだろう、と思うと、部下は、その後自分の意見を積極的に言うことはなくなるでしょう。

これまでの、社会の仕組みが大きくは変わらない安定的な社会の中では「答えはひとつ」という発想でも問題はなかったかもしれません。年長者の管理職のほうが経験も豊富で、部下たちをリードするというスタイルが実際機能していたと思います。

しかし今は、年長だから経験があるとは一概に言えず、技術革新のスピードに合わせて、世代間の経験の質・内容は大きく異なってきています。そのような時代に、自分の経験や知識だけでチームをリードしようとすることは、誤った判断を導く危険があるでしょう。

故スティーブ・ジョブズなどの天才型の圧倒的なカリスマ性を備えたリーダーなら、自分以外誰も気づいていない視点と答えを持っているということはあると思うのです。カリスマが指示型で引っぱっていくリーダーシップなら、ベクトルが一方向の「説得」を目指すのもありだと思います。そのような場では、中途半端な「調整」はむしろ不要な場合もあります。ただ、自分がジョブズならいいのですが、私はとてもそうは思えません。

自分がジョブズではないと思う管理職のみなさんは、自分の視点を過信せず、

・答えはひとつではない
・視点は多様である

を出発点として、部下の様々な声に耳を傾けてみましょう。

人は「聞いてくれる」「わかろうとしてくれる」可能性のある人には話してくれますし、思いも寄らぬ情報を伝えてくれることもあります。

これまでの「当たり前」を覆し、新しい切り口で、新しい結合を生み出すイノベーションは、チームの多様な視点を活かし、「自分らしさ」を結集する「調整型」のマネジメントから生まれるのではないでしょうか。

4 部下の強みと弱みを組み合わせる

「ひとり」が活きる方法を考えぬく

管理職が行う調整のうち、常に頭を悩ますのが、部下の配置、役割分担だと考えます。この役割分担によって、部下のモチベーションは上がったりも下がったりもします。モチベーションは、そのままその人の仕事におけるパフォーマンスに大きく影響してきますので、チームで成果を出せるかどうかの重要なポイントです。更に、部下の今後の育成の方向性も役割分担によって決まってくると言っても過言ではないので、将来のことも見極めながら、より慎重に行うことが望ましいです。

以前、部下にメンタルダウンをしている社員がいたことがあります。通常、一度メンタルダウンしてしまうとなかなか復活するのは難しいと言われていますが、私は管理職として、その社員が復活するための最大限の支援をしようと思いました。

具体的にはどうしたかというと、彼とよくコミュニケーションをとって、その方の希望や強みなどを把握するようにしました。そして希望に合致していて更に強みが活かせて成果を出せそうな仕事をその社員の意向も聞きながら、丁寧に任せていくようにしました。

そうしたところ、少しずつではありましたが、イキイキと仕事をするようになってきました。更に「もっとこういう仕事がしたいので、やらせてくれませんか？」とその社員の方から提案してくるようになりました。

私は、彼が無理をしないように配慮しながら、徐々に多くの仕事を任せていきました。その結果、約半年後には、その社員はメンタルダウンから見事復活したのです。そして更にその約半年後、彼はリーダークラスの立場に昇格することができたのです。私は、とても嬉しくなったと同時に、大きな感動を覚えました。

その社員をサポートし、復活させたいと考えたときから、私は、私も含めてチームで基本的に残業はしないことに決めました。定時内に仕事を終わらせるということを基本とすることで、メンタルダウンした社員も気後れすることなく仕事をする環境にしたかったからです。

振り返ってみると、メンタルダウンした社員が復活して成果を出せるようになったとき、チームで普通に残業をしていた頃と比べて、定時内で仕事をするようになってからのほうがチーム全体のアウトプットも約2倍になっていることがわかったのです。つまり、他のチームメンバーのパフォーマンスも同時に上がって、チーム全体の生産性の向上にもつながったのです。適材適所の配置の重要性を再認識した瞬間でした。

役割分担を考えるときに、最初にやらなくてはいけないのが、部下の強みの把握と活かし方を見極めることです。このとき、ポイントとなるのは、部下の

・モチベーションアップ
・育成

の二つを満たすものを探すということです。ポイントは、部下のモチベーションも上がり、将来の目指すべき姿への成長にもつながるという、2点を満たしたことを任せていく

点です。部下のやりたい仕事や得意なことだけを任せていては部下の成長につながりません。細かいことのようですが、こういった作業の積み重ねが結果的にチーム力を育て、仕事のうえでの成果にもつながってゆきます。

この2点を満たすものは、次の3ステップで探してゆきます。

ステップ① やりたいこと
ステップ② やれること
ステップ③ 求められていること

ステップ1 やりたいこと

まず、部下の希望の仕事について考えていきます。

評価のタイミングなどで定期的に部下と面談を行っている管理職の方も多いかもしれません。その定期的な面談で部下からヒアリングしたことの他に、ふだん仕事で話しているときに言っていたことや部下が仲のよい同僚などから聞いた話などを参考に、希望の仕事について、改めて書き出していきましょう。

ステップ2　やれること

次に、ふだん、部下の仕事ぶりを見ていて、成果を上げていることや得意と思うことについて考えていきます。まずは、チームの仕事に一見直接関係なさそうなことでもいいので、できるだけたくさん細かく書き出しておくのがポイントです。

ステップ3　求められていること

これはチームの仕事の内容についてです。

まずは箇条書でよいので、チームの仕事内容を大項目、中項目、小項目に分けて書き出します。

【部下を活かす配置見極め3ステップ】

次はいよいよチームの役割分担を考えていきます。大きくわけて、次の3ステップで考えます。

ステップ① やりたいことの「要素」の抽出
ステップ② 求められていることの「要素」の抽出
ステップ③ マッチング

ステップ1 やりたいことの「要素」の抽出

はじめに、部下のやりたいこと、希望している仕事について、その特性の要素を探り出していきます。部下の希望する仕事について、その仕事を希望する理由をできるだけ細かく要素分解していくということです。

例えば、部下が企画の仕事を希望しているとして、その理由は、クリエイティブなことがしたいからなのか、データを分析する力を身につけたいのか、利益向上につながることがしたいからなのか、など様々な要素があると思います。

この要素をできるだけ粒度を細かく出していきます。

最後に部下の希望や強みとチームの仕事内容をマッチングしていきますが、部下の希望の仕事とぴったり合った仕事が必ずしもチームにあるとは限りません。マッチングできないという事態を避けるためにも、この分析は重要です。部下の希望の仕事そのものがチームの仕事としてはなくても、その仕事をしたい理由と同じ要素を満たす仕事は十分あると考えられます。

例えば、部下が企画の仕事を希望していて、今のチームが企画部門ではなかったとしても希望する理由の要素がデータを分析する力を身につけたい、ということだとすると、チームの仕事の結果やチームの仕事が影響を受ける外部状況等についてデータを収集・分析して次の打ち手を検討する仕事を任せることにより、部下本人の希望に沿った配置となりますし、チームにとってもより成果を高めることにつながるでしょう。

ステップ2　求められていることの「要素」の抽出

次にチームの仕事の内容について、同じく要素分解していきます。これは、前述の通り、部下の希望する仕事における理由の要素とマッチングさせるためですが、部下の希望する仕事における理由の要素と同じくらいの粒度で要素分解を行うことが望ましいです。要素を抽出する観点としては、次の2つの視点で考えてみるとよいと考えます。

・その仕事をするために最低限必要な力
・仕事を通じて得られるスキル

部下の希望する仕事の理由の要素を中心として仕事をマッチングさせるものの、その要素がある仕事を遂行するだけのスキルがまだ部下にはない可能性もあります。全く経験がない仕事にいきなり配置してしまうと、成果が出せず部下のモチベーションダウンにつながる可能性もありますし、チームとしてのパフォーマンスも結果として上がらなくなってしまいます。そういった短絡的な配置を避けるために、この2つの視点で要素を抽出していきます。

ステップ3　マッチング

ステップ①とステップ②で部下の希望する仕事の理由とチームの仕事の要素抽出ができたら、いよいよマッチングを行います。

マッチングは、部下のモチベーションと育成の観点とチーム成果を最大化するといった両面を考慮して、以下の2パターンのいずれかで配置することが望ましいです。

・部下の強みを活かせて、希望の仕事の理由の要素がある仕事
・部下の強みが活かせて、将来、希望の仕事に就くためのスキルが身につく仕事

メンバーの一人ひとりのやりたいことや、伸ばすとよいスキルを考えていくこれらの作業は、外からは目に見えにくいですし、地道なものだと思います。

ですが、これだけの時間をかけて考え、「整えて」いくと、成果は結果としてジワジワ生まれてくるはずです。

明日からやってみよう

業務上の課題で100%win・winとなる調整をしてみましょう

自分の業務に関することで、意見の対立が起きている課題をひとつ選んで、「100%win・win調整5ステップ」の手法を使ってみましょう。

行動のポイント

・自分自身の感情は一旦置いておいて、客観的な視点で分析することを意識してみましょう。
・感情的にならないためにも、より多くの人たちから多面的に情報収集することを意識してみましょう。
・どうしてもwin・win案が見出せないときは、時間を置いて考える「ジワジワ調整法」を使ってみましょう。

行動したらこんないいことが！

・自分の意見がなかなか通らない、ついついゴリ押ししてしまい、相手との関係性が微妙な感じになってしまうといったことがなくなり、利害関係が対立する相手とも良好な関係を維持したまま、お互いが納得できる案で合意形成ができるようになります。

・周りとの良好な関係性が構築できることで、仕事も進めやすく、影響力も増してきますので、特に管理職としての仕事にストレスを感じることが少なくなり、やりがいを持って仕事ができるようになります。

第4章

その人らしさの活かし方

——1対1で向き合う〈面談力〉

1対1で個に向き合う「面談力」

管理職は、ほとんどの人が部下との一対一の面談を行っていることと思います。

1対1の関係にもとづく面談は、部下を知り、関係を築く重要な機会です。状況に応じて、コーチングにも、コンサルティングにも、カウンセリングにもなります。

私は部下との1対1の面談をとても大事にしています。面談のやり方次第で、部下のモチベーションが一瞬にしてぐっと上がり、その後のパフォーマンスが劇的に上がるという体験を何度もしてます。

人はそれぞれ、様々な思いや考えを持っています。

その一人ひとりに丁寧に向き合い、寄り添うことで、信頼関係が醸成され、その信頼関係から生み出される力がチームの中で相乗効果を生んで、チームとしての成果を出していく力になります。

目の前の部下との信頼関係を築いて、その人のパフォーマンスを引き出すには面談のコツがあります。

本章ではこのコツを5つのステップで見ていきます。

1 面談の基本は聞くこと

管理職の聞く技術

面談の基本は「聞くこと」。

私は、もともと1対1で話をして、その人の悩みを聞いたり、一緒に問題の解決策を考えたりすることが苦ではありませんでした。最近では、部下に限らず、どんな人と面談をしても、信頼関係を築き、その方のパフォーマンスを引き出すことができるようになってきたと感じています。

周りの部下を持つ管理職やリーダー的な立場にいる方たちから打ち明けられる悩みを聞くと、部下との面談をやっても愚痴や文句を言われるだけで、なかなか解決には至らないという声も多いようです。

聞き方にもまた、質があります。どのような姿勢で、どのように聞くかによって、引き出される話も全く変わってきます。

管理職のみなさんからの相談を受けて、私は自分がやってみてよかったと思う面談のやり方を棚卸ししてみました。すると面談の始まりから終わりにかけて、5つの段階があることがわかってきました。

［部下が生まれ変わる面談術5ステップ］

ステップ①　面談の目的とゴール確認
ステップ②　相手への「承認」
ステップ③　課題、悩みヒアリング
ステップ④　フィードバック
ステップ⑤　今後に向けて

部下との面談で成果が出ないと悩むみなさんに、その面談の方法を伺ってみると、この5つのステップのうち、①と③と④しか意識されていないようでした。裏返すと、残りの

2ステップ、②と⑤が面談の質を決めるといえそうです。

【部下が生まれ変わる奇跡の面談術5ステップ】

ステップ1　面談の目的とゴール確認

部下との面談を行うときは、まず最初に、面談を行う目的と最終的な到達点（ゴール）を確認します。目的とゴールの確認は次の流れで行うとその後の面談がスムーズに進みます。

▼最初にお礼を言う

忙しい中で時間をとってくれた部下に、まずはお礼を言いましょう。

「忙しいなか、面談に来てくれてありがとう」

など、一言で構いません。この一言で、雰囲気がぐっと柔らかくなるはずです。ぜひ最初にお礼を言いましょう。

▼目的とゴールを確認する

次に目的とゴールを確認します。目的は、なぜ今回の面談をするのか、ゴールは面談が終わったときにはどんな状態となっていることを目指したいのかについて話をし、相手と意識合わせを行います。

▼時間の確認

最後に面談時間の確認をします。

「今日の面談は○時○分まで。○○分間行います」

などと伝えて、相手と確認をしましょう。

ステップ2

相手への「承認」

そして本題に入る前に、大事なことがあります。

それは、部下の仕事ぶりについて、よいところを伝える、ということです。普段、それこそ面と向かって伝えられない、部下のよいところを、この機会に伝えましょう。

「毎朝、元気な声で挨拶してくれて気持ちがいいです」

「子育てで時短の○○さんの仕事のフォロー、助かってます」

など、どんなささいなことでも構いません。ささいなことでも構わないのですが――でも、「よいところ」を伝えるためには、どんなささいなところでも、その人をよく見る時間が必要ですよね。その人について本当に考える時間を持たなければなりません。

その人がいまどんな仕事をしているのか
そこでがんばっているのはどんなことか

ほとんどの人は、必ずどこかでがんばっています。意識的にがんばっていて、上司は気づいていないだろうなと思っていることもあれば、がんばっていることに、本人が気づきもしていないこともあります。むしろ、こちらのほうが多いかもしれません。

というのも、「がんばっているところ」というのは、案外その人にとって「当たり前のこと」だったりするからです。「毎朝挨拶をする」ことを意識的に心がけていることもあれば、その人としては挨拶することがごく自然なことである場合もあるでしょう。

前者であれば、「あ、見てくれているんだな」と思ってもらえるかもしれません。後者であれば、その人にとって当たり前なことを「人は喜んでくれるんだ」と励みに思ってもらえるかもしれません。いずれにしても、あなたが相手のことを考え、「ちゃんと見た」事実は相手にきっと届きます。

これは、まずこちらから部下のことを認めている（承認している）、信頼している、と伝えるステップです。この後、ちょっと厳しいフィードバックを返すときならなおさらです。うまくいく面談の前提は、みなさんが部下を信頼しているかどうか次第だと思います。

まずは、こちらから部下へ、その信頼を伝えることです。そして、もし、

「この人は自分のことをわかってくれている」

と思ってもらえたら、その後のフィードバックが耳に痛いものだったとしても、真摯に

受けとめてくれることが多いのです。

反対に、普段は見ていないのに、その時々の上司の都合で、気になったことをただ伝えてくるだけだと感じられたら、たとえ相手を思ってのフィードバックだったとしても、はね返されてしまうでしょう。

まずこちらから信頼を伝え、部下からも信頼してもらうこと。そのことでフィードバックを真摯に受けとめ成長につなげてもらう土壌を、この段階でつくります。

ステップ3　課題、悩みのヒアリング

「承認」のステップを通して、相手に自分の意見を受けとめる土壌ができてきたところで、いよいよ本題に入っていきます。ここでも、自分が話をするのではなく、まずは部下からの話を聞く姿勢で臨むことがポイントです。

面談はインタビューです。

「相手8割：自分2割」

と私はよく言っていますが、話す配分は、部下が8割、自分が2割ぐらいの配分でちょうどよいと思います。

上司である管理職のみなさんが話をしてしまうと、部下は話しを聞くだけになってしまい、部下の本音を聞くことができなくなるばかりか、部下自身も自分のことを振り返って考えることが少なくなってしまうでしょう。

気づきや内省には、ちょっとした「間」も必要です。部下の様子をよく受け取って、話しすぎないように気をつけます。

上司であるみなさんは、部下に質問することによって、相手から課題や悩みの答えを引き出す関わり方で接することが望ましいです。

そして、ヒアリングをするときは、

現在 ↓ 過去 ↓ 未来

この順番で、質問してみてください。経験的には、この順番が相手が自然に考えられる流れのように思います。本音を話してもらいやすくなるはずです。

ステップ4

フィードバック

部下から、課題や悩みのヒアリングをして、本音や気づきを聞いた後は、今度はみなさんが部下に対してフィードバックをする番です。

管理職のみなさんの中には部下の課題や改善点については、できれば嫌なことは言いたくないので、いつも言わないですませている方もいるかもしれません。

私も部下に改善点を指摘するのはかなり苦手なのですが、それは自分が部下から嫌われたくないという「自分の都合」が理由の場合が多いと思うのです。しかし部下がより成長するためには、上司である自分から伝えることが一番効果的だと考えて、きちんとフィードバックするようにしています。

相手のためになる、という自信と部下への信頼があれば、揺らがずに伝えることができるでしょう。その信頼は部下にも伝わります。みなさんも、自分目線を離れて部下の成長に何が必要か、という視点からフィードバックを行うことを大切にしてください。

フィードバックの効果的な手順、伝え方については、この後に触れていきます。

ステップ5　今後に向けて

面談の最後には、面談のまとめと今後に向けた意識合わせを行って、クロージングとします。

▼面談のまとめを行う

これまでの面談の中で決定したこと、決められなかったことの意識合わせします。

最初に設定した、面談のゴールに照らし合わせて確認していきますが、1回の面談で時間内にゴールまで行かないこともあります。1回の面談で何がなんでもゴールまでたどり着くようにしてしまうと、焦りが出て、無理やり納得させようとしてしまったり、部下の言うことを十分に聞くことができなかったり、と本末転倒の状態になってしまいかねません。何回でも時間をおいて面談してもよいというつもりで臨みましょう。

そのほうが結果的にはよい形になっていきます。これも「時間を味方にする」発想のひとつかもしれません。

▼今後に向けた意識合わせ

今回の面談で決められなかったこと、ゴールまでたどり着けなかったことなどを改めて話しをするための今後のスケジュールの意識合わせします。

具体的には、次回の面談の時期や内容について擦り合わせをします。

ここで、次回の面談までに、

考えておいて欲しいこと
行動してみて欲しいこと

など、課題を出すことも非常に効果的です。こうすることで、部下の自律的な行動を促し、自らの力で問題解決できる力がついて来ます。これも面談だからこそできることのひとつです。

▼最後の一言

そして、最後の最後で、他に言いたいことはないか、必ず確認するとよいです。

「最後に改めて言っておきたいことはある？」

「何か言い残したことはある？」

などと、聞いてみましょう。

ここで、本音が出てくる可能性が非常に高いです。

私も部下と面談したときに、相手から出て来た最後の一言が、実は一番重要なことだった、ということが何度もあります。この一言が聞けなかったら、誤解したまま進めてしまっていたということもたくさんありました。

上司である管理職のみなさんは、部下をミスリードしてしまうことを防ぐためにもぜひこの最後の一言を部下から聞くようにしてみてください。

2 耳に痛いことをどう伝えるか

「叱り方」はテクニック？

褒める言葉は伝えやすいですが、変えたほうがいいことや、改めてほしいことを伝えるフィードバックはしにくいものです。

フィードバックするときに大事なことは、テクニックだけに頼らないということ。「叱り方」については、世の中に様々な手法がありますが、それを使ったとしてもそこに心が入っていなければ、全く効果はありません。

私もかつては、その手法を使いこなすことだけに意識が集中してしまい、本当に意図していることがうまく伝えられず、「なんか、あんまりピンときません」と言われたこともあります。

テクニックだけに頼ってしまい、部下への信頼や成長を期待するといった「心」の部分を置き去りにしてしまったためだと猛反省しました。その後、相手に対しての信頼の気持ちを軸にテクニックの基本だけは抑えつつも、その場で相手にとって最もよいと思われる伝え方で話をするようになってからは、面談が終わったあと、部下に劇的な変化が現れ、これまでにないパフォーマンスを発揮する社員に生まれ変わっていきました。

相手は必ず理解してくれる、自ら改善し成長できる人だと確固たる信頼の気持ちを持って対応することで、必ず上司である管理職のみなさんの思いは伝わります。その信頼の気持ちが部下の気持ちを動かし、大きな成長を促すのです。

これからお伝えする効果的なフィードバックのやり方は、この「相手に対して確固たる信頼の気持ちを寄せる」いうあり方を持っていることを前提とした方法です。ぜひそのあり方をベースにしたうえで活かしてみてください。

事前に必ず情報収集

部下に問題点、改善点を指摘するフィードバックを行う際は、必ず正確な情報を把握するために事前の情報収集を行います。

上司である管理職のみなさんも人間なので、どうしても感情が入ってしまい、決めつけや偏った見方をしてしまうこともあるでしょう。それを避けるために、客観的で正確な情報把握が極めて大切です。

情報収集する内容は次の3つの観点を意識してみましょう。

・どんな状況のとき
・どんな行動が
・どのような影響、結果を招いたのか

また部下のよくない噂などを耳にしたときは、決してそれを鵜呑みにせず、ひとりだけではなく複数の人から話を聞いて多くの視点で把握します。

まちがった噂にもとづいてフィードバックを行うことは、例えささいなことでも信頼関係に致命的な亀裂をつくります。部下はそのことをあえてあなたに伝えくれない可能性もあります。事前の情報収集は、このような関係の亀裂を避ける目的もあります。

▼事実のみを伝える

事前の客観的で正確な情報収集により、事実を確認できたら、部下に伝えていきます。

ここでのポイントは、

事実のみを伝える

こと。自分自身の感情や主観は、この段階では置いておいて、客観的な事実のみを伝えていくことで、相手も冷静に受け止められるようになります。例えば、遅刻ばかりする部下には

「今週は月曜と水曜と木曜の３日、15分ほど遅刻でしたね」

というように事実のみを伝えます。感情的な非難や人格を批判するような表現をしていないか、注意します。

また、事前に収集した事実が、まちがっている可能性もないとは限りません。まちがっているわけではなくても、部下の認識とずれていることもあります。

伝えた「事実」が本当にそうだったか、確認の一言を添えます。そしてもし違うと思っていたら、相手がその「事実」をどのように認識しているかも聞きましょう。ここがズレていると、やはり信頼関係にヒビが入るでしょう。相手も本当にそう思っているかどうかを確認します。

決めつけ禁止——「Iメッセージ」で伝える

部下に問題のある行動について事実ベースで伝えた後は、その問題行動の改善を促していきます。このときの伝え方には「細心の注意を払う」ということが効果を出す秘訣です。

私がオススメしているのは、相手にとってより受け取りやすいメッセージの形式で伝えるということです。メッセージの伝え方には2種類あると言われています。

▼YOUメッセージ　相手（YOU）が主語になったメッセージ

「○○さんって真面目だよね」
「○○さん、調子が悪いね」

といった形で、相手を主語にした伝え方です。

▼Iメッセージ　自分（I）が主語になったメッセージ

「私、○○さんに任せていると安心するんです」
「○○さん、調子が悪そうに見えるのですが」

といった形で、自分を主語にした伝え方です。
フィードバックをするときには「Iメッセージ」で伝えるのがとても効果的です。ついついお手軽なＹＯＵメッセージで伝えてしまいがちですが、場合によってこれは相手を決めつけた表現になります。特に上司と部下の関係のような力関係がある場合は、部下は反論・訂正がしにくく、そう感じられる可能性が強いため、細心の注意が必要です。

Ｉメッセージで伝えることで、あくまでも自分の感想という形で伝えることができるので、相手にとっては受け取りやすくなります。例えば、遅刻ばかりする部下に対して、どんな言い方をするといいでしょう？　少し時間をとって、考えてみてください。

例えば、あなたがこんな風に言われたら、それぞれどんな気持ちになりますか？

「○○さんはちょっとルーズですよね。遅刻ばかりしてますよね」

「○○さんは、すごい能力を持っているのに、
遅刻して来るとだらしない人と思われて、
私はもったいないと思う」

あるベンチャー企業で働く女性管理職の方が、部下がまさに毎日１時間以上遅刻して来て、注意してもなかなか改善しない、ということで、私のところに相談に来たことがあります。

私は、このフィードバックとして「Iメッセージ」をもとに先ほどの「面談術5ステップ」に従った面談をしてみるようにお伝えしました。彼女はすぐに面談をすることにしたのですが、ただしとても忙しい部署なので確保できた時間はたったの15分だったそうです。15分間の中で、彼女は部下に、

「今の仕事に活かせる強みやよいところがたくさんあると思うのに、遅刻をしてくることで周りからだらしない人と思われて信頼されなくなってしまうのが、私はすごくもったいないと思うんです」

と「Iメッセージ」で伝えたそうです。

すると……その15分間の面談をした翌日、その部下の方は、なんと1時間早く出社してきたそうです。仕事も人が変わったように積極的に取り組むようになり、半年以上たった今でもその部下は全く遅刻することはなく、更にはその管理職の方に「あなたのために仕事がんばります」と言ってくれているということです。

この「Iメッセージ」には、上司の部下への信頼も込められており、この信頼が部下に伝わったのだろうと思います。もしこれが、

「1時間も遅刻をしてくるとか、社会人として失格です。周りの人に迷惑をかけていることに気づいていますか？」

と言っていたら、どうだったでしょう。その部下はおそらく、これまでもそのような叱責を受け、人の信頼を失ってきた自覚があったのでは、と思います。このように言われたら、ますます自信を喪失してしまったかもしれません。この管理職は、部下を「部下以上に」まず先に信頼したからこそ、部下も上司を信頼してがんばってくれるようになったといえるでしょう。

このように、面談でのちょっとした伝え方の違いが、大きな成果につながっていくということがあります。面談は、信頼を伝え、関係を築く機会として大変重要です。部下一人ひとりに信頼をもって向き合うことを心がけることで、結果としてチーム全体の力も向上してゆくはずです。

3 個別の視点を大切に

モチベーションのツボは人それぞれ

信頼関係を築く面談でとても大切なのは、

個別の視点で考える

という原則です。部下それぞれに個性や特性があり、細かい部分で価値観も違っています。その部下の個別の特性に合わせて、個別に対応することが信頼関係をつくるためにとても重要なポイントなのです。

こうすればいい、という画一的な方法で対応するのではなく、部下の特性をよく見て、伝える内容と伝える方法を変えていくことは必須です。

ここでは、部下の特性のうちで、特にパフォーマンスに大きな影響を及ぼすモチベーションを考慮した対応についてお伝えしていきたいと思います。

【モチベーションの7つのツボ】

人によってモチベーションが上がるきっかけとなることは違うと言われています。つい、自分自身のモチベーションが上がることが、相手にも当てはまると思いがちですが、これが違うのです。モチベーションが上がるきっかけとなることを私は「モチベーションのツボ」と呼んでいますが、面談には、この、人それぞれの「モチベーションのツボ」を踏まえておくことが大切です。

「モチベーションのツボ」は、大きくわけておよそ次の7つのタイプにわけられます。

▼タイプ① 上司承認

【よくみられる行動】 上司に報・連・相など、コミュニケーションを積極的にとる。

【効果的な関わり】 上司である自分がいつも仕事ぶりを見ていて、認めていると伝える。

▼タイプ② 仕事内容

【よくみられる行動】 やりたい仕事が明確で、希望の仕事に就くことを望む。

〔効果的な関わり〕　今の仕事がやりたい仕事の要素を含んでいることを伝え、前向きに仕事をしている部分を認める。

▼タイプ③　報酬

〔よくみられる行動〕　評価の擦り合わせ時に成果報告を積極的に行う。

〔効果的な関わり〕　成果について認め、より協調性の必要がある場合は、他者と連携して成果を出したことを褒める。

▼タイプ④　自己成長

〔よくみられる行動〕　トラブル案件の火消し役など誰もやれる人がいなくて困っている難しい仕事にチャレンジする。

〔効果的な関わり〕　成長していると感じている点について伝える。

▼タイプ⑤　ワークライフバランス

〔よくみられる行動〕　業務効率化への意識が高く、プライベートの充実を重視する。

〔効果的な関わり〕　一定の時間で成果を上げている点について認め、残業や休日出勤をしなければならない場合、対応してくれていることについて感謝する。

▼タイプ⑥　人間関係

［よくみられる行動］周りの人についての報告や相談をよく行う。

［効果的な関わり］情報提供してくれていることについて感謝の気持ちを伝え、うまく行っている人間関係について褒める。

▼タイプ⑦　環境

［よくみられる行動］社内のルールや規定の確認を頻繁に行ったり、ルールや規則を守っていない人がいるとの報告をする。

［効果的な関わり］ルールや規定を守っていることについて認め、ルールを守っていない人の情報提供について感謝の気持ちを伝える。

効果的な対応方法の基本は、部下一人ひとりの「モチベーションのツボ」のタイプを意識して、よい行動を褒める、認める、ということです。

こうすることで、部下はちゃんと自分のことをわかってくれていると感じてくれますし、より確固たる信頼関係が生まれるはずです。部下は褒められた部分については、これでいいんだと思いますので、よいところをさらに伸ばそうとしてくれます。経験的にも、よいところを伸ばすことで、弱みや欠点が補完できることも多いのです。

このため、一人ひとりの「モチベーションのツボ」タイプに合わせて褒める、認めることがその後の部下の成長にもつながる重要なことだということです。

明日からやってみよう

「部下が生まれ変わる面談術5ステップ」で面談をしてみましょう

「5ステップ」の手法を使って、自分のチームの部下の成長を促し、最高のパフォーマンスを引き出す面談をしてみましょう。

行動のポイント

・1回の面談で全て完結しようとせず、部下の状況によっては、時間をおいて何回でも話をするつもりで臨みましょう。
・1回の面談は長くても1時間、面談場所は周りに話し声が聞こえない、仕切られた会議室などを選びましょう。
・堅苦しく捉えず、まずは、部下とのコミュニケーションを通して、部下のことを理解することに重点をおいてやってみましょう。

行動したらこんないいことが！

・部下のモチベーションが一瞬にしてぐっと上がり、その結果、部下のパフォーマンスが劇的に上がります。

・部下との間に信頼関係が醸成され、その信頼関係から生み出されるパワーがチームの中で相乗効果を生んで、大きなチーム成果につながっていきます。

・部下の本音を聞くことができ、その後の部下育成を含めたチームマネジメントを効率的かつ効果的に行えるようになります。

第5章

育てるリーダーの時代へ

——未来をつくる〈育成力〉

部下が勝手に成長する「育成力」

人材の育成は、管理職の最重要ミッションだと私は考えています。

会社や組織はそこで働く「人」が動かしています。

ということは、会社や組織の中の人、一人ひとりの成長が会社の成長につながるはずです。私が、人を大事にする会社や組織は必ず成長する、と考えるのは、ここから来ています。

会社や組織のリーダー的存在である管理職は人の成長を促すことで、事業を成長に導いていくことが最も効果的なマネジメント方法だと考えられます。

私が考える人材育成とは「自分で育っていける人材を育成すること」です。管理職が、何も言わなくても自立して必要なスキルを習得し、業務に活かして成果を上げ続けていく社員。会社や組織の全社員がそんな社員となってくれることが管理職のみなさんの理想ではないでしょうか。

私は、人事・育成担当の管理職として、社員の育成に携わった経験から、この自立的に育つ人材を育成することこそが、人の育成に関わる人にとって目指すべき究極の人材育成であると確信しました。この究極の人材育成を実現するための方法について、最後の章でお伝えしていきます。

1　勝手に育つ部下を育てる

信頼を築く【ビジネス・ペアレント・メソッド】

人材育成の土台は、やはり部下との信頼関係です。そして、究極の人材育成は、「究極の信頼関係」から始まります。

これまで、管理職として人材育成を担当する中で、まるで生まれ変わるように部下が成長していく場面に幾度も遭遇しました。そのときの自分の部下との関係を振り返ってみると、親子の関係のような強い信頼を寄せていたことに気づかされました。具体的にどのような考え方をして、どのように関わり、そのような関係を築いていったのか、改めて振り返ることで体系化してみたのが、〈ビジネス・ペアレント・メソッド〉です。親子のようなレベルの強い信頼関係を醸成する関係構築の方法です。

もちろん、本当の親子ではありません。仕事を行ううえで親が子供の力を信頼しているのと同じくらいのレベルで上司である管理職が部下のことを信頼するということを意味しています。

〈ビジネス・ペアレント・メソッド〉は、3つの要素から成りたっています。次ページの図を参照してください。メソッドの核となるのは上司の「あり方」です。上司がこのあり方を醸成できれば、その「あり方」による影響力を発揮して部下との関係を構築できます。この「関係性構築」ができれば、この関係にもとづいて成長を促す関わりをすることで、自立的な部下の成長につなげていくことができます。この「成長促進」が最後の3つ目の構成要素です。

メソッド① あり方——基本の姿勢

〈ビジネス・ペアレント・メソッド〉の核にあるのは「あり方」です。

究極の人材育成「ビジネス・ペアレント・メソッド」

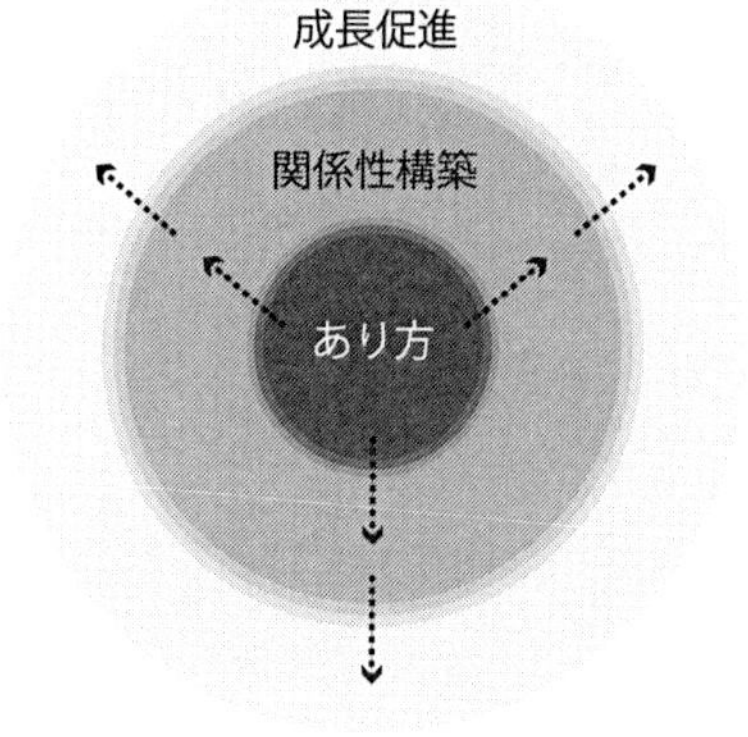

▼部下をどこまでも信じる

親は、子供の可能性をどこまでも信じて、何があっても「この子ならできる」と信じることができるでしょう。それと同じように、部下のことをたとえ、1度や2度うまく行かないことがあっても、「この人なら、必ずできる」と信じるということです。

▼部下の自立を目指す

親は、子供が自分がいなくてもやっていけるようになることを心から望んでいるでしょう。部下が上司である自分のサポートがなかったとしても、十分にその能力を発揮して成果を上げ続けることができるようになることを目指していきましょう。

▼部下が自分以上に成長することを望む

そして、更に部下が自分を超えて、自分以上に成長していくことを望みましょう。

例えば、部下が自分を抜かして昇格することを脅威だと思ってしまい、ついつい優秀な部下を必要以上に押さえつけてしまうという人もいるかと思います。

でも、勘違いしてはいけません。そんな優秀な部下を育成したのは、上司でもあるあなただとも言えるのです。自分自身の管理職としての育成力に大きな自信をもって、部下が自分以上に成長したことを心から誇りに思ってください。そして、そういった部下の成長を願う上司の「あり方」は、いつか部下自身に伝わります。

以前、将来の幹部候補と言われる入社2年目の社員が部下だったことがありました。約2年後に、彼の将来のことを考えて、多くの経験をさせようと人事担当と相談し、営業に異動させることにしました。

本人は、営業に強い苦手意識を持っていたため、この人事異動をとても嫌がりました。将来につながると説明してもわかってもらえず、「送別会もしてもらいたくないくらいです！」と言い残して、出ていくこととなりました。このときは、私は自分の思いが伝えらなかったことにとても残念な気持ちになりましたが、その半年後、異動先で認められ、昇格したときに電話がかかってきたのです。そして当時の判断をとても感謝されました。

このときの経験から、そのときはどんなに反発されても、部下のことを信じて部下にとって一番よい形を考え、進めていくことで必ずわかってもらえる日が来るんだと思いました。

育成はすぐに答えが出ないことがほとんどです。人が成長するには、ある程度の時間がかかるからです。

でも、部下の可能性を信じて部下の成長を心から願う気持ちをもって関わっていけば、最終的には必ずよい方向に向かうはずです。

メソッド② 関係性構築――〈関係の質〉から〈結果の質〉へ

このような「あり方」を養うことができたら、この「あり方」にもとづいた影響力を発揮して部下との関係を築いていきます。

「成功の循環モデル」という考え方があります。

これは、マサチューセッツ工科大学教授のダニエル・キムが提唱した考え方なのですが、簡単にいうとビジネスの場面では「結果の質」が求められることが多いと思いますが、これは「関係の質」を高めることにより、「思考の質」を上げ、それが「行動の質」につながり、「結果の質」を上げていくということです。

そして、「結果の質」が上がると、更に「関係の質」が上がり、「思考の質」→「行動の質」→「結果の質」といった具合によいサイクルが回ってくる、というものです。

この成功に向けた好循環のサイクルは、「結果の質」から始めるのではなく、「関係の質」から取りかかることにより生まれるとされています。

つまり、結果を最初に求めるのではなく、組織の関係性をよくしていくところから始めることが「成功の鍵」だというのです。これは私自身の経験においても、その通りだと感じます。

では、「関係の質」を高めるとは、具体的にどんなことを意味するのでしょうか。

部下との関係性を構築するための考え方や方法は色々あると思いますが、私の経験から特に重要だと考えているのは、次の2点です。

▼共有する価値観の創造

ひとつめは共有価値観の創造です。部下との間、チームの中での共通の価値観を表す言語をつくり出していきます。

例えば、弊社リノパートナーズの共通言語は「信頼」です。

会社として共有する価値をしっかり言葉にできていると、仕事で選択を迫られたとき、判断をしなくてはいけなくなったとき、より「信頼」を確保する方を選択するということができます。社長や管理職だけでなく、社員の判断にも一貫性が生まれます。この共通言語が私と社員とをつなぎ、よい関係性を構築する基盤となっていると思います。

▼部下への理解を深める

2つめは、部下の価値観や人物のタイプ、モチベーションのツボなど、プライベートも含めた状況、将来の夢など、できる限りのことを把握し、理解しておくことです。

部下一人ひとりがどんな思考でどんな特性を持ち、どんなことを希望しているのか理解しておくことで、日々の対応も適切なものとなります。よい関係性を構築できるようになるばかりか、将来にわたって、部下にとって最もよいと思われる育成方針や方向性を見極めることができるようになるからです。

メソッド③　成長促進——自分で育つサイクルへ

部下との関係性の構築ができたら、そのうえで部下の成長を効果的に促していきます。日々の仕事を通して部下の成長を促すには、次の3ステップを頭に入れておくと効果的です。

ステップ①　成長につながる仕事を任せる
↓
ステップ②　情報共有
↓
ステップ③　適切なタイミングでのフォロー

つまり、部下の成長につながる仕事を任せ、必要な情報を部下と共有しながら、適切なタイミングでフォローをしていくということを行います。この3ステップのサイクルをぐるぐると回し、少しずつ高いレベルの仕事を任せて成功体験を積むことで、成長を促進していくのです。

ここでのポイントは、部下のことを信じて、任せた仕事に対しては必要以上の口出しはしないということです。

場合によっては部下に失敗させるということも必要です。

人は、自分で決めたことは、最後までやり遂げようとします。それで仮に失敗したとしても、本人の深い反省から、その後の大きな成長が見込めるでしょう。言われなくても自分で自分自身の課題を見つけ、自らスキルを身につけて改善していく、自立して成長できる人材になっていきます。

2 安心して仕事を任せるには

不安をなくす3つのポイント

〈ビジネス・ペアレント・メソッド〉により、自立して成長する人材を育てるためには、まずは、成長につながる仕事を任せる、ということをお伝えしました。

ところが、この部下に仕事を任せることを「怖い」と感じている管理職も多いように思います。

私もかつては、部下に仕事を任せるのを「怖い」と感じたことがありました。経験の浅い部下がやるよりも自分がやった方が速く確実だと思いましたし、もし部下が失敗をしてしまったら、その責任を全て自分で取りきれるか心配だったからです。

しかしながら、部下の成長のためには、まずは仕事を任せないことには話が始まりません。前述の通り、人は失敗も含めた経験から学び、成長していくのです。そこで、できるだけ安心して部下に仕事が任せられるようになるためにはどうしたらよいのかをじっくり考えてみました。ポイントは3つあるようです。

▼部下の「将来の目指す姿」につながる仕事を任せる

〈ビジネス・ペアレント・メソッド〉のところでお伝えした、部下との関係性を築くために理解した部下の思考や特性、希望などから、部下が将来目指したいと思っている姿を想定し、その「将来の目指す姿」に少しでもつながる関連性のある仕事を任せていきましょう。

こうすることで、部下自身もその仕事に取り組むことで、将来のありたい姿の実現につながると考えられるようになり、任せた仕事へのモチベーションがぐっと高まります。仕事がうまくいく確率も高くなります。成功確率が高くなる仕事の任せ方をすることで、上司であるみなさんも必要以上に心配せず、安心して部下に仕事を任せることができるようになるはずです。

▼成長のためのチャンスを与えると考える

チーム全体の短期的な仕事の効率性を考えると、部下に任せるよりも自分がやった方が速い、と考えてしまうこともあるでしょう。しかしながら、管理職という立場であるならば、長期的な視点でチームの成果を出す、ということも考えなくてはいけません。

そのためにこそ、部下を育成するという視点が非常に重要です。短期的には自分や他の人がやったほうが速くて確実と考える仕事であったとしても、部下の成長につながるのであれば、部下に任せ、部下を成長させることが、チーム成果を上げることにつながるという発想で考えてみましょう。

部下に仕事を任せることは、部下とチームに成長のチャンスを与えているということなのです。

もちろん部下が失敗する可能性はゼロではありません。多くの管理職の方たちは、この失敗への不安が原因で、なかなか部下に仕事を任せられないと思っているのではないでしょうか。だとすれば、事前に考えられる失敗を予測しておいて、その対処方法を考えておくことで、その不安は解消できると考えます。

考えられる失敗の中で、自分で責任を取れないほどの大きな失敗につながるものがある場合は、次の対応を行います。

・任せる範囲の見直しを行う
・自分がフォローするタイミングと内容をあらかじめ設定しておく

こうしておけば大きな失敗の回避は十分可能です。

▼部下の長所だけを見るようにする

人にはそれぞれ長所も短所も必ずあります。短所を見てしまうとその人の能力を信頼できなくなってしまって、仕事を任せるのがとても不安になってしまうものです。

しかも相手の短所ばかり見てしまうと、最終的にその人のことが「生理的に嫌い！」になってしまうということもよくあるようです。こうなると部下との間の信頼関係は崩れ、敵対関係になってしまって最悪の場合、部下に足を引っぱられるといった事態にも陥りかねません。短所は極力見ずに、〝長所だけ〟を見て、仕事を任せることは重要なポイントです。

長所はどんな小さなことでも構いません。「こんなよいところがあるのだから、きっとこの仕事は最後までやり遂げてくれるだろう」と思って、全面的に信頼を寄せることが実は成功の秘訣なのです。

部下のよいところがなかなか見つからないというときは、次ページのワークシートを、参考にしてみてください。その人の「よいところ」を考える時間をもつと、不思議と関係がよくなることもあるものです。

完璧主義を手放そう

これまでお伝えしてきた、部下に安心して仕事を任せるためのポイントを実行したとしても、やはりまだ不安に思ってしまう管理職の方もおられるでしょう。特に責任感の強い管理職の方は、頭ではわかっていても感情ではどうしても仕事を任せるのを不安に思ってしまう人が多いように思います。

私もどうしてもそういう風に考えてしまう時期があったのですが、次のような発想を持

相手の良いところの見つけ方

	質　問	答　え
Q1	自分が気づかないことで、相手がやっていたことは何か	
Q2	相手が得意とすることは何か	
Q3	相手が仕事で成果をあげている点はどこか	
Q4	相手が仕事をする上で大事にしていることは何か	

↓

相手の良いところ

つことで、不安がなくなりました。

▼完璧主義を捨てる

まず、完璧主義を捨てましょう。

完璧主義を貫くことで、それができなかった場合のストレスも抱え込んでしまうことになります。全ての仕事を完璧に行うことはできません。ほとんどの場合、多くの仕事を決められた期限でこなしていくことになるので、どこかで折り合いをつけバランスをとって、制約条件の中で最高のアウトプットを出すように心がけるのが、全体を見たときには、よいやり方だと考えます。

私は、いつも部下からのアウトプットが60点ぐらいでOKにしています。

これは、私が考える100点のアウトプットと部下が出してきたアウトプットの効果が結果的にはあまり変わらないことが多いのと、部下の成長のためには、時には試行錯誤も大切だと考えるからです。

人を育てるには「完璧主義」は捨てなければなりません。

▼長期的視点を養う

そして、部下の成長は長期的な視点で考えるようにしましょう。

人がすぐに成長するということはなかなかありません。

成長するためには経験を積み重ね、その経験から得た学びを自分のものにしていくことが必要で、一定の時間がかかるものです。このため、例えば、部下が1度や2度失敗したからといって、部下をその業務からすぐに外したりするのはやめておいた方がよいのです。

また、人の成長曲線は人それぞれです。たとえ、現時点でパフォーマンスが出せていなかったとしても、少しずつでも昨日より今日、今日より明日で、よくなっている点があるとするなら、ヨシとする考え方を持つようにしましょう。

人を育てるには、「長い眼」が必要です。

仕事の背景をしっかり伝える

成長につながるだろう仕事を不安なく任せることができたら、部下にはその仕事を通して、自分以上のアウトプットを出せるように成長してもらいたいですよね。部下にそうなってもらうことができれば、より安心して仕事を任せていくことができますし、チーム全体の成果もぐっと上がるでしょう。任せれば任せるほど、上司の仕事は楽になるとも言えそうです。

〈ビジネス・ペアレント・メソッド〉の「成長促進」のサイクルでも触れたように、部下のパフォーマンスを上げる効果的なポイントのひとつが「情報共有」です。

人の能力には、思うほど大きな差はないものです。私は成果を出せるか出せないかのわかれ目は、実は「情報」にあると考えています。成果を出すための情報を戦略的に提供していくことで、部下が自分以上のアウトプットを出す、ということは十分可能なのです。

アウトプットの質を、次のような方程式で表してみます。

アウトプットの質 ＝ インプットする情報の質・量 × モチベーション

アウトプットの質を上げるためには、インプットする情報の質・量とモチベーションを上げなければなりません。モチベーションの向上がアウトプットの質につながることはすでに触れたので、ここでは「情報の質・量」に着目してみましょう。

もし、自分と同じレベルか、それ以上のアウトプットを部下に求めるのであれば、自分が持っているのと同じだけの質と量の情報を意識的に部下に伝えてみてください。

上司である自分と同じ量と質の情報を部下に伝えることで、部下の視点や視座が自分と同じになってきます。仕事の背景、目的、関係者、社会的な意味……等々を共有することで、仕事の全体が立体的に見えてきて一つひとつの仕事の意味を自分で主体的に考えられるようになります。結果として、アウトプットの質は高まります。

私が新規サービス開発・運営を担当していた頃の話です。そのサービスは新規事業ということもあり、なかなか思うように成果を出せず、どうしたら軌道に乗せることができるのか、頭を悩ませる日々でした。その当時、私の部下は業務経験が浅い人ばかりだったため、仕事を任せるのを躊躇してしまい、私がほぼ一人で孤軍奮闘している状況でした。

そうこうしているうちに、いよいよそのサービスを畳むことも考えなくてはならないところまで収支が悪化し、ようやく、この状況を打開するにはチーム全員で協力して成果を出していくことが必要だと気がつきました。

そこで、私はこれまで公開していなかった現状の事業の売上と費用、利益の金額といった収支状況を詳細の事項まで含めて部下に公開し、改善に向けての協力を呼びかけました。

その結果、部下が自ら勉強し、売上を確保するための施策のアイデアを出し、実行するようになりました。そして、半年後、利益は当初の1・7倍となり、見事、事業を安定軌道に乗せることに成功したのです。

「部下のパフォーマンスが上がらず、なかなか成果が出ない。仕事を任せなければよかったかも……」

と悩んでいる管理職のみなさんは、任せた仕事について、自分が部下に十分な情報を与えているか、一度考えてみてください。自分が持っている情報と部下が持っている情報を比べてみたときに、同じ質と量の情報を部下にも提供しているでしょうか。

▼部下に提供すべき具体的な情報

もちろん、部下には言えない情報も当然ありますから提供できる範囲のなかで自分が持っている情報を部下に積極的に提供するように意識してみてほしいのです。私が部下と共有をはかり、とても効果があったのは以下のような情報です。

- 当該業務が発生した背景・経緯
- 会社の経営との関連性
- 周りを取り巻く状況
- 関連する他の業務の状況

・業務に対する自分の考え

つまり、任せる仕事の背景や会社の事業との関連性など、仕事の前提条件となるような情報をできる限り共有しておくということです。部下は目の前の仕事を高い視点から立体的に見られるようになることで、求められているアウトプットの水準、評価の基準を自分で考えられるようになります。

更に重要なのが、あらかじめ上司である自分の考えも部下と共有しておくこと。部下自身の考えを引き出そうと、自分の考えは言わずにまずは部下に考えさせ、部下が考えた結果を見てダメ出しをする、という管理職をよく見受けます。

一見、部下の育成のために、このやり方がよさそうに見えるかもしれませんが、部下からすれば、必死で考えた自分の提案が全て却下となってしまい、「それなら最初から言ってくれれば……」と残念な気持ちになることが多いようです。

もちろん、最初から自分なりに考えた「答」を言う必要はありません。それこそ部下の成長にはつながらないですね。そうではなく、仕事を任せる際に、

・**判断基準**（優先事項）

・譲れないポイント
・守って欲しいこと

といった仕事を進めるにあたっての重要な条件を、自分の考えとしてあらかじめ伝えておくということです

3　今と未来をつなぐ　キャリア開発計画

目指す姿を100％実現する〈キャリア開発の4ステップ〉

自立して成長する人材を育成するには、部下一人ひとりの「キャリア開発計画書」を作成することが力になります。そもそも「キャリア開発」が必要とされる背景には次のような時代背景があります。

・**産業構造の変化、価値観の変化**　企業が望む能力要件が変わってきているため、

より自分の価値を高めることで、どんなときでも生き残れる人材になる必要

・**終身雇用、年功序列の崩壊**　雇用されつづける能力を身につける必要

・**平均寿命の伸長**　働く期間の拡大に伴う新しい生涯設計プランの必要

・**自己実現の重視**　個人の独自性を発揮して自分らしく活躍したいという欲求の高まり

これらの背景から、キャリア開発は社員にとってこれまで以上に不可欠なものとなっています。会社や組織にとっても、自立して成長する人材を育てるキャリア開発の重要性は高まっています。未来の予測が難しい時代には、上からの指示を待つのでなく、新しい仕事の価値を自ら生み出す人が会社にとっても必要です。「キャリア開発計画」は、部下個人の今と未来をつなぐと同時に、社員の未来と会社の未来をつなぐものでもあります。

では、会社や組織を成長に導き、支えていくことができる自律・自立した社員を育成するには、どのようにキャリア開発を進めていけばよいでしょうか。これは、上司である管理職のみなさんが、部下の特性や希望を十分把握したうえで戦略的に行うことが鍵となります。次の４つのステップで進めていきましょう。

ステップ1　事前準備

キャリア開発の意義を部下に説明したうえで、面談などを通して本人のキャリアについての希望を聞き、人事の評価結果や周りの人たちからのヒアリングによって、本人の適性を判断します。部下との信頼関係を醸成し、本音を言える関係性と把握できる仕組みを普段から構築しておくことが重要です。

ステップ2　社員の志と会社のミッションをつなぐ

経営戦略にもとづくこれから求められる人材のイメージや要員計画などから会社や組織のニーズを明確にし、本人のニーズと照らし合わせ、目指すキャリアや必要な仕事の経験、教育内容を具体化していきます。これにより、雇用され続ける能力を意識した目指す姿を設定することができます。

ステップ3　配属と教育

②で設定した目指す姿を実現するために人事制度等を活用して、具体的に必要な仕事の

経験（人事異動も含む）や教育を提供していきます。

ステップ4　軌道修正

仕事の進捗状況や研修の実施状況、本人の希望や会社や組織のニーズの変化などを定期的にチェックして、必要に応じてキャリア開発の軌道修正を行っていきます。

「未来キャリア開発計画書」のつくり方

目指す姿を100％実現するキャリア開発の流れに沿って、社員のキャリア開発に関わっていくために、「キャリア開発計画書」をつくっておくことは必須です。

次のページに、目指す姿を「未来キャリア開発計画書」のフォーマットを掲載しました。これは、私のこれまでの管理職、人事・育成経験から、生み出した独自のフォーマットです。このフォーマットで計画・管理を行うことで、社員にとっても会社・組織にとってもメリットのある適切なキャリア開発ができるものとなっています。

未来キャリア開発計画書

氏名		所属		役職	

略歴			
任命日	所属・役職	担当業務	在籍期間
			年　月
			年　月
			年　月
			年　月

現在の担当業務に対する適性		適性分野	
□ 非常に適している □ 適している □ あまり適していない □ 適していない	理由	専門分野	理由

将来目指す姿	
専門分野	目指す姿

	1年後	3年後	5年後
担当業務			
研修・資格			
役職			
育成方針			

一番上の欄には、これまでの業務経験を記載し、過去の棚卸しをします。

次に適性の把握です。現在の業務に対する適性を記載し、これを参考にしながら、対象社員の適性分野を見極めていきます。

最後は、将来に向けた計画です。本人の適性も考慮したうえで将来目指す姿を書き込みます。その目指す姿の実現に向けた、年単位での育成方針を考え、そこに向けた配置や教育、昇格などを計画していきます。専門分野の最新知識やスキルが習得できる研修やセミナーがないか調べ、積極的に提案してゆきます。

安心して成長できる仕組みをつくる——成功も失敗も、報告できる環境を

ここまで「自分で勝手に育っていく」自立した人材を育てるための方法についてお伝えしてきました。最後に、社員のパフォーマンスを継続的に維持、向上するための仕組みづくりについて考えていきます。

言われなくても自分で勝手に育っていくといった人材を育成するのが理想だといっても、ずっと高いパフォーマンスを維持していくことはなかなか難しいのが人間です。

がんばってもなかなか成果が出ない、評価されないこともあります。落ち込んで自信が

持てなくなり、なおさら仕事で成果を出せなくなってしまうといったスランプ状態に追い込まれてしまうことは誰にでもあるものです。最悪の場合、メンタルダウンして、離職といったことも十分考えうることです。こういった状況を避けるために、安定的にパフォーマンスを維持・向上していくための仕組みづくりも管理職の大切な仕事です。

行動の量と成果の量は比例しています。苦しいときこそ行動する、実践することで、時間はかかったとしても必ず成果につながります。うまく行っていない状況であったとしても行動を止めない、諦めずに継続的に実践しやすい環境をつくることも重要です。

例えばチームの全員で、成果報告を定期的に行い、その中で、

・うまく行ったこと
・うまく行かなかったこと
・今後の課題

を主に共有する場を持ちましょう。うまく行ったことを共有することは、チーム内のノウハウの蓄積につながります。うまく行かなかったことの共有は、チームメンバーの勇気につながります。各社員の抱える課題を共有してその解決策を全員で考える、ということを

行います。

つまり成果報告だけでなく、失敗報告もしていくということです。仕事で行き詰まっている社員もチームメンバーの助けを借りることによって、抱えている課題の糸口が見つかるかもしれません。信頼をベースとしたあなたがマネジメントするチームなら、チームの支援しあう力を活用できるはずです。失敗を隠すのでなくオープンにできる環境をつくることで、一人で抱え込んで行き詰まるのでなく、どうすれば改善できるか、失敗せずにすむかをチームの力で考えてゆけます。

継続的な実践につながる場を管理職であるみなさんがつくっていくことは、社員のパフォーマンス維持・向上のためにとても効果的です。

どんなことでも、どんな悩みでも気軽に相談できて、解決に向けた気づきを与えてくれるメンターの存在はパフォーマンス維持のためにはとても重要です。

管理職のみなさんが社員のメンターになることはとても効果的です。社内の事情や業務のことをわかっている人への相談は話しが通じやすく、的確なアドバイスをもらえる可能性も高いからです。

更に、効果を高めるためには、社外メンターの存在も重要だと私は考えています。なぜなら、社内には色々なしがらみのある場合があり、社内の人には全てのことが言えないケースもあるからです。社外の人であれば、安心してなんでも言えるということがあるでしょう。

メンターはひとりだけでなくてもよいと私は思っています。

実際、私自身もメンターはひとりだけではありません。今は会社を設立して代表取締役になっているので、社内のメンターはいませんが、会社に所属していた頃は、社内外に複数のメンターがいました。

何か悩ましいことがあると、その複数のメンターの方たちに相談して、アドバイスをいただいた内容を自分なりに組み合わせて実行することで、バランスの取れた対応ができていたように思います。管理職のみなさんも社員に対して、信頼できる社外メンターを紹介してあげる、といったこともぜひ考えてみていただけたらと思います。

管理職にとって最も重要なミッションである人材育成を効果的に行うためには、育成力をやしなうことが不可欠です。

人材育成は、管理職の「あり方」によって成り立っているものであり、この「あり方」の軸がなければ、全く効果のない、形だけのものになってしまいます。

管理職にとっての人材育成に対する「あり方」とは、相手のことをどこまでも信頼する、ということだと私は考えます。育成力とは信頼力と言っても過言ではありません。管理職のみなさんは、たとえ相手が自分を信頼してくれていなかったとしても、自分から信頼する、という姿勢を貫き通し、ぜひ多くの人材の力を引き出して、成長を促していって欲しいのです。それが結果として会社の成長をみちびくだけでなく、全ての人が安心して成長できる社会の創造へつながってゆくと信じています。

明日からやってみよう

部下のキャリア開発計画書を作成してみましょう

「未来キャリア開発計画書」ワークシート（181頁参照）を使って、部下のキャリア開発計画書を作成してみましょう。

行動のポイント

・適性分野の適切な見極めが大切です。担当業務におけるアウトプットの状況や評価結果だけでなく、周りの関係者からのヒアリングも行うことによって適性分野の見極めを行いましょう。適性分野の見極めができたら、今後の的確な配置を実現するために、その理由を要素レベルで分析するようにしてみましょう。

・部下のキャリア開発の方向性と会社や組織の方針や事業運営の方向性が合致している

ことが望ましいです。会社や組織の経営状況を常に把握し、それを考慮しながら将来に向けた育成計画を考えましょう。

行動したらこんないいことが！

・部下のキャリア開発が計画的に行えるようになることで、日常業務の中でのフォローや指導のポイントが把握でき、効率的かつ効果的な部下育成が可能になります。
・部下が何も言わなくても自立的に必要なスキルを習得して、100％業務に活かして成果を上げ続けていく人材に成長します。

巻末特別対談

ダイバーシティ、それは一人ひとりを大切にすること

管理職は人の力を引きだし、幸せを生みだす仕事です。

(株)佐々木常夫マネージメント・リサーチ代表取締役

佐々木常夫さん

しなやかマネジメントを確立するきっかけとなった出会いは様々ありますが、なかでも最も影響を受けた方の一人として、元東レ取締役の佐々木常夫さんがいます。初めてお目にかかったのは、私がNTT管理職時代、社内で企画された講演会に佐々木さんが登壇さ

れた時のこと。佐々木さんのリアルな実体験に基づく説得力のあるお話にすっかり引き込まれ、講演会が終わるころには「今よりもっとよいチームにできる!」との思いを強くしすぐに学びを自分のチームに持ち帰り、実行に移したのです。

今回、佐々木さんと一緒に、日本のジェンダーギャップ解消を突破口としたD&I推進について、本音ベースで語り合いました。ぜひ、ご自身や、所属組織の現状と照らし合わせながら、ご一緒に考えていただきたいと思います。

トップが何もしない会社に成長はない

細木聡子(以下、細木) 私が管理職になってから20年近く経ちますが、当時の自分と同じ壁にぶつかって悩む女性管理職が多くて驚いています。

佐々木常夫氏(以下、佐々木) 私は内閣府の男女共同参画会議議員も務めましたが、何十年も前から男性も女性も、意欲に応じてあらゆる分野で活躍できる社会を目指そうと言われ続けてますよね。でも、現場は全然変わりません。時々後退しさえする。その最大の問題は男性ですね。

細木　どんな場面でその問題を強く認識されますか？

佐々木　ある団体の理事をしていますが、理事は全員男性です。ある夏の会合で出席者は全員クールビズだったのですが、当日の夜に開催された懇親会の会場に足を踏み入れたら、全員ネクタイを締めているわけです。クールビズで行ったのは私だけ。しかも、日中話し合った会議に対して、「あの場では、あんなこと言ったけど」と言い合っているんですよ。結局、男性の本音は、公の場に出てこないし、表面上取り繕っているだけなので、根本はなかなか変わらないのです。同じような状況が、日本中の企業で起こっていると思って間違いないでしょう。

細木　ダイバーシティについても、ダイバーシティ推進室を作って、室長を女性にして、あとは任せて終わりという企業も少なくありません。日本のほとんどの企業は男性経営者・男性管理職が大多数を占めているので、「ダイバーシティなんて分からないし必要とも思わないけど、やらないと対外的に印象が悪いから」といった経営層の本音が垣間見える状態です。当事者である女性やマイノリティの立場の人たちに丸投げする姿はまだまだあります。

佐々木　ダイバーシティは経営トップが取り組まなければなりません。それでなくとも、ダイバーシティに関する取り組みは苦労するし、物事も動きづらいものです。

私は東レ時代、毎日残業が当たり前の時代に定時で帰る男性という、マイノリティな存在でした。家に、自閉症の息子をはじめとした子ども3人と、病気とうつ病を抱えた妻がいたからです。あれから30年以上経ち、社会も少しずつ変わってきているかもしれませんが、いざ男性が育児休暇を取りたいと申し出れば、今でも「何日取るの？　3日？　え、1週間？　長いね」と言われたりしますよね。

長い歴史の中で蓄積されてきた「アンコンシャス・バイアス」が、男女ともに色濃く残っているのが今の日本ではないでしょうか。ダイバーシティの視点であらゆることに取り組まなければ、組織は変わりません。だから、トップが何もやらない会社は、今後も真の意味で変わることはできないでしょうね。

縮まらない日本の男女格差～野蛮な働き方が女性たちを怯ませる

細木　近年の日本のジェンダーギャップ指数は、G7はもちろん、アジア10か国中でも最下位が続いています。日本以外の国が急速に改善されていくなかで、日本が変われない理由は、どこにあると思われますか。

佐々木　欧州諸国は日本と比べるとダイバーシティがずいぶん進んでいる印象がありますよね。これは、近代になって女性が社会に参加しはじめたとき、欧州諸国は、ダイバーシティの意味に気づいたわけです。「しなければならない」からでなく、「したほうがよい」と気づいたんですね。そこで欧州諸国は先手を打ちました。女性が結婚・出産したら有利になるように制度面を拡充したことで働きやすくなり、どんどん活躍する女性が増えていったのです。

「女性が働きやすい社会＝男性も働きやすい社会」

という流れを作ったのが、欧州諸国です。

一方で、日本は元々働く女性比率が高かったにもかかわらず、ダイバーシティの視点はありませんでした。今ではダイバーシティ推進や女性活躍推進の面で、諸外国に大きく差をつけられている状態と言えます。

細木　女性で働く人が増えたといっても、増えたのは非正規雇用・パート・派遣社員が多いので、いわゆるM字カーブがなくなっているだけですよね。中身を見れば、依然として正社員や管理職といった、男性と同じような形でステップアップするところには行きついていません。そういった部分もジェンダーギャップが埋まらない要因になっていると思います。

佐々木　地方自治体で働き方改革をテーマに講演をすると、決まって男性上司から「女性が課長昇格試験を受けないという質問が寄せられます。なぜ受けないと思うか尋ねると、「本人は『課長の仕事は辛い、長時間労働、責任重いからやりたくない』と言う」と。私から言わせていただくと、管理職の仕事は辛いという認識が間違っています。上に立つと、辛くないし、楽だし、自分で業務をコントロールできて、早く帰れるはずです。女性部下がそう思えないのは、その男性上司を含めた、男性たちの愚かなハードワークが女性をひるませているという問題がそこにあるということに他なりません。管理職は力づくで頑張るものじゃない、それこそ〝しなやか〟にやるべきです。部下が帰っているのに課長は残業している組織の働き方は、本当に野蛮だと思いますよ。

誰だってボスは怖い～管理職にはしなやかさが必要

細木　私も管理職昇格前は、仕事のやりづらさに辟易する場面も少なくありませんでした。男性同士だとすんなり理解しあえるのに、私の話は同じ意見でも聞いてもらえなかったり、軽くあしらわれたりすることは多々ありました。もちろん自分の伝え方にも課題はあったと今振り返ると反省する部分もありますが、それが役職がついた途端に、今まで言うことを流されがちだった人がきちんと私の話を聞いてくれたり、上手く采配で仕事を回せるようになったとき、初めて役職がつく意味を実感しました。私にとって、マネジメントの役割を担うことで、やりがいを見出せるようになったのかもしれません。

佐々木　どんな人でも上司に対する畏怖の念は少なからずあるものです。どんなに関係性がよい上司部下の間でも、多少遠慮する部分は絶対にあるのに、ガツンと部下に指示を出したりするのはマネジメントとしては逆効果でしかないとつくづく思います。

私は30歳くらいの時から、年下の部下に対しても〝さん付け〟で話すようにしていますが、ただ「さん付け」するだけではなくて「あなたの意見を聞かせてください」という姿勢でいると、部下は上司の指示に従うのではなく、自ら考え、提案しようという行動が見られるようになります。そういった自律的な行動は、組織にとって確実にプラスになります。だから、相手を尊重し、力を引き出そうと関わる「しなやかマネジメント」は別に女性管理職だけではなく、男性管理職にも必要なことだと思っています。

細木　佐々木さんが女性管理職を育成した事例を教えていただけますか。

佐々木　一人目は、東レのグローバル人財の要になった女性部下です。海外で働きたいと切望していたので、香港に行ってもらうことにしました。彼女は非常に喜んで、「佐々木さん、私は女神の前髪をつかみました」と言ったので、それはどういう意味かと聞いたら、彼女は歴代の課長や部長に海外赴任したいと希望を出しても全員に断られてきたというのです。「女の子を海外に出すのはあり得ない、親御さんに説明できない」と言われたそうです。しかし私が課長になって、この人なら海外に出してくれると確信して頼んでみたら実現できた。女神に後ろ髪はない、私は前髪をつかんだ、ということでした。その後、彼女はヨーロッパ、アメリカの駐在を経て、唯一無二の人材となりました。

二人目は、当時東レでは一般職と総合職があって、一般職から総合職へ転換してきた女性です。私はその転換試験の審査員だったのですが、断トツ一押しの人材として選出しました。実力発揮できる部署への配置をお願いしたら、立ち上げ間もない新規事業に彼女は配属されました。そこで頭角を現し、業界競合40社あった中で、とうとう業界ナンバー1に上り詰め、彼女はその部署の部長になりました。その後、幹部候補生の育成機関へ行き、そこでもトップにまで上り詰めた、本当に優秀な女性でした。

ここで紹介した二人は、いずれ東レの役員となり、会社に大きな影響を与えるだろうと思っていたのですが、実現には至りませんでした。

細木 近年では、株式市場から女性役員を増やすよう求められていますが、そういった背景があるにもかかわらず、ですか?

佐々木 「オールド・ボーイズ・ネットワーク」というのがあるのをご存知ですか? イギリスで生まれた言葉で、男性中心に組織される人間関係を指すものです。日本なら、オヤジ・ネットワークかもしれません。例えば、イギリスの元首相はあるパブリックスクール出身者が多数で、ことあるごとに集結し、話し合って、知恵を授けたりする場です。日本だと、タバコ部屋とか、飲み会などが該当するでしょう。会社の重要な決定は、ゴルフ場で決まる、という話もあるくらいです。そうやって、男性たちはコソコソと話をして決めているんですね。これが日本全国あちこちで今も行われています。私自身、オールド・ボーイズ・ネットワークの真ん中にいて、いろいろな人とのつながりを持って情報収集していたからよく分かります。後から聞いた話ですが、先ほど紹介した優秀な女性社員を役員にしなかった理由も、「ちょっと押しが強くて、場が乱れそうだから」と言っていました。これじゃあ、ダイバーシティは進まないし、その原因は男性の問題だと思っています。

ダイバーシティの考え方で変えていかないと、本当の意味で企業の力にならない

細木　まだまだビジネスの世界では、女性が敵を作ってしまうと二進も三進も行かなくなりますよね。できることもできなくなってしまうという雰囲気がすごくあるなと思います。

佐々木　女性はビジネスで成果を出すと、周囲から敵視されることがまだあります。だから、なるべく敵を作らないように気をつけていかなければなりません。私も組織ではマイノリティでしたが、男ですので結果を出せば文句は言われませんでした。「18時で帰りますけど、問題ありますか？　私の部署は成績いいですよ」と開き直れば勝つのが男。でも女性の場合はそうはいかないんですよ。女性が開き直ると、生意気だと言われるでしょうね。できる女性の存在は、男性にとってやっぱり煙たいものです。だから女性は上手に男性と付き合いながら、仕事をしていかなければならないと思います。

細木　私がこの本を出した理由のひとつがそこにあります。仕事でしっかり成果を上げたい、自分の力を発揮したいと思っている方が、より働きがいを得られる自分自身になるための武器のようなものを、この本を通して手にしてもらえたらと願っています。

佐々木　自分のプレゼンスを上げようという組織で働く女性が増えて欲しいと思いますね。そういう人が大きな組織の中で役員を務めることが、会社を変えていく力になると思っています。会社を変えていく要因は様々ありますが、やはりダイバーシティの考え方で変えていかなければ、本当の意味での企業の力にはならない。会社を変えたいなら、まず女性が活躍する場を作るのが大事です。

細木　女性活躍推進の取り組みはすでに終わっているという声も聞こえてきますが、経営層はまだまだ男性社会なので、「特に困っていないからこのままでいい」と本音では思っているケースも少なくなさそうです。

佐々木　女性が組織の中で活躍する場を作らなければ、組織は強くなりません。男性の感性で物事を進めていくと、いつまで経っても何も変わりませんよ。例えば、書かなくてもいいレポート、やらなくていい会議や飲み会ですとか……無駄なことをたくさんやっていると思いませんか？　そこに、女性の感性や考え方が入ってきたら、変わりますよ。

管理職は、人も自分も幸せにする仕事

細木　私は管理職になってからの方が、仕事にやりがいを見出し、充実感を味わう喜びをより感じられるようになりました。管理職の仕事は大変、辛そう、というイメージがどうしてもつきまといますが、これから管理職になる方には、ぜひ組織で活躍する面白さを感じて欲しいと思っています。

佐々木　マネジメントは面白い、エキサイティングなものだと私は思っています。人を動かしながら組織を活性化させていくことは、成功体験を積むほど面白くなっていく。だから早く課長になりたいと思っていました。考えてみてください、担当者の時は18時になんて帰れませんからね。課長になった瞬間に、自分の采配で定時に帰宅できるようになりますよ。部長になったら、課長たちを動かして、組織全体を変えられる力を持てるのです。確かに、少々辛い部分があるマネジメントですが、やっぱり面白いですね。

佐々木　管理職は、一人ひとりの能力を引き出して、組織全体の力を高める仕事です。ダイバーシティが重要というのも、「そうすべきだから」ではなくて、そうしたほうがみん

な幸せになるからですよ。ダイバーシティとは、一人ひとりの人間を大切にして、その能力を引き出すこと、それをすることによって組織全体の力を高めていくことです。なぜそんな大切なことをしないのか、と思います。

誰にだって、よいところがあります。人は自分の力を引き出されたら、感謝しますよね。それを見たらこちらも幸せになれます。女性だから、○○だからという理由で、その能力が引き出されないことは大変もったいないことではないでしょうか。

なぜ働くかといったら、それは人に貢献するため、自分が成長するためです。そういうことをすることが幸せになるんですよ。

細木　それは私も心からそう思います。自分の部下が活躍の場を得たときに、本当に顔が輝いていたんですね。それを見たときに、嬉しくて本当に管理職をやってよかったなと思いました。人の力を引き出し、みんなのウェルビーイングを生み出せるのが管理職なんだと経験者として実感しています。組織の中で管理職となって活躍することが面白い、楽しいと感じてもらえるように、自分自身の技術系企業における女性管理職の実体験を通して、一人でも多くの方に管理職の魅力を発信していきたいと思います。

おわりに

本書（2019年7月旧版）を出版してから、早いもので約4年半の歳月が流れました。
4年半前と比較して日本の女性活躍推進やD&Iは進んだでしょうか。改めて考えてみると、やっとその本質的な課題に気づきはじめた段階というのが正直な実感です。これまでの取り組みは、女性をはじめとする組織内のマイノリティとされる人々が働きやすい環境を整えることに注力するものでしたが、それはまだ表面的な施策といっていいでしょう。D&Iの真の目的は、多様な人々の相乗効果による組織価値の最大化です。この本来の目的のためのD&Iの実現は、まだまだこれからという印象です。

D&Iの推進には、多様な人々が力を発揮したいと思えるようなマインドの醸成が不可欠です。「働きやすさ」から「働きがい」へ、このマインドを企業や組織の一人ひとりの仕事の中に醸成していくことが重要です。「働きがい」が個々のチームメンバーに根づき、組織やチームのビジョンでしっかりつながっていれば、それぞれが志向する働き方がどのようなものであっても、相互の理解と支援によって相乗効果が生まれ、これまで以上のチーム成果を創出し続けるチームになると信じています。

私が仕事で特に関わることの多い技術系企業においては、女性はまだまだマイノリティであり、大きなジェンダーギャップが依然として存在しています。このような状況で、特に女性管理職の方々の多くが、今の環境に疲弊しているのではないでしょうか。

しかし、マイノリティであるがゆえに強い当事者意識をもつ彼女たちには、自分事として、すべての人々が働きがいを感じられる環境を自ら築くパワーを秘めているのではないかと思うのです。そんなしなやかなリーダーの思いや行動が、感動とやりがいの輪を広げ、D&Iの真の目的を達成する突破口になるのではないでしょうか。

本書は、そんなブレずに折れずに組織の中で奮闘しているしなやかリーダーのみなさまに向けて、執筆いたしました。それぞれの日々の現場で、本書にこめた知恵やスキルを役立てていただけたら、これ以上のよろこびはありません。

最後に、本書の出版にあたり、多大なるご協力をいただいたすべての方々に感謝申し上げます。

特に対談を快く引き受けてくださった元東レ取締役の佐々木常夫さん、秘書の岩崎美樹さん、セミナーや研修などで体験を伝えてくださった受講生のみなさん、そして企画を支えていただいた大切な企画・編集チームの皆様に心から感謝の気持ちをお伝えします。

ありがとうございました。

（２０２４年１月）

［第2刷に際しての追記］

本書出版後、弊社の顧問に就任いただいた佐々木常夫さんが、２０２４年４月28日に逝去されました。

「私たちが考えていること、取り組んでいることは同じ。一緒に社会に発信し続けましょう」

と力強く握手を交わしてから10日ほど後の、突然のお別れでした。

私は佐々木さんの遺志を引き継ぎ、ともに目指した日本のD&I実現に向けて、精一杯取り組む決意をいたしました。今回、重版となり、より多くの方に私たちのメッセージを伝える機会を頂けたことを、心から嬉しく思っています。改めて、佐々木さんのご冥福をお祈りいたしますとともに、ここに深く感謝の意を表します。

２０２４年8月

株式会社リノパートナーズ　細木聡子

●著者紹介　細木聡子（ほそき・あきこ）

株式会社リノパートナーズ代表取締役。公益社団法人 21 世紀職業財団客員講師、中小企業診断士。1990 年、筑波大学卒業後、NTT に入社。管理職に昇格し、大規模システム構築プロジェクトマネージャーに就任。その後、社員約 500 名の部門の人事・育成課長として、個人の状況に合わせた柔軟性のある育成方法を取り入れ、メンタルダウンした社員をリーダーに成長させるなど、人材育成の分野で評価を得る。2018 年 4 月より、ダイバーシティ経営コンサルティング会社株式会社・リノパートナーズを設立。技術系企業に特化してジェンダーギャップ解消を突破口としたダイバーシティ＆インクルージョンの実現サポートを行っている。

株式会社 リノパートナーズ　https://linopartners.co.jp/

しなやかリーダー塾

[しなやかマネジメント入門事例集]

https://linopartners.co.jp/books/

本書特設サイトからワークシートをダウンロードできます。
実際の記入事例も掲載しています。

増補新版 **女性管理職のためのしなやかマネジメント入門**

信頼をつなぐ、チームビルディング

2024年3月30日　初版第1刷発行
2024年8月31日　初版第2刷発行

著者　細木聡子

発行者　東明彦

発行所　ＮＴＴ出版株式会社

〒108-0023 東京都港区芝浦3-4-1　グランパークタワー

営業担当／TEL 03-6809-4891　FAX 03-6809-4101

編集担当／TEL 03-6809-3276

https://www.nttpub.co.jp

装丁・本文デザイン　三森健太（JUNGLE）

印刷・製本　株式会社デジタル パブリッシング サービス

ISBN 978-4-7571-2390-8 C0034

乱丁・落丁本はお取り替えいたします。定価はカバーに表示しています。